障害者雇用の「困った」を解決!

発達障害・知的障害のある社員を活かすサポートブック

著

企業在籍型ジョブコーチ
石橋 恵
（認定NPO法人フローレンス）

企業在籍型ジョブコーチ
和田 直美
（認定NPO法人フローレンス）

秀和システム

はじめに

フローレンスで障害者雇用チームの立ち上げを担当した石橋です。

わたしは、この仕事にたずさわることになる7年前まで、障害のある人と一緒に過ごした経験がほとんどなく、「法定雇用率」という言葉さえ知りませんでした。

きっと、この本を手にしている皆さんの中にも、同じ状況で障害者雇用に関わることになった方もいらっしゃるのではないでしょうか。

そんなわたしが、障害のあるスタッフのサポートという仕事に前向きにチャレンジできたのは、フローレンスの運営する障害児保育園で、こどもたちが先生たちやお友だちと過ごす中で驚くような成長をしているという話を幾度となく耳にしていたからです。障害者雇用担当となる内示を受けたとき、不安ではなく「障害者雇用に関する仕事は、障害のある人の可能性を広げることのできる仕事になるだろう」との思いでワクワクしていました。

当初はわからないことばかりで、たくさんの失敗や困難がついて回りましたが、障害のあるスタッフの「誰かの役に立ちたい」という強い思いや真面目な仕事ぶり、それぞれがそれぞれのスピードで成長していく姿には触発されることが多く、ワクワクとした気持ちは今も変わりません。一人ひとりの個性を大切に考えての育成はとてもやりがいがあり、あっという間に7年が過ぎました。

フローレンスの障害者雇用は「障害のあるこどもたちが、職業に就く未来を当たり前のこととして想像できる社会」を目標に掲げてスタートしています。

様々な企業の優良事例から多くを学びながら支援体制を整え、スキルアップにつながる業務を集める仕組みを作り、支援に必要な情報のデータ化を進めてきたことで、わたしたちの団体は障害のあるスタッフも生き生きと活躍できる場となり、障害者雇用における成功事例の一つとして評価をいただくに至っています。

一方で、社会全体で見ると障害者雇用は法定雇用率という数字に追いかけられています。就労数が増えても離職率は高いままで、離職理由からは障害のある方のキャリア形成や働きがいが軽視されている様子が窺え、「障害のあるこどもたちが、職業に就く未来を当たり前のこととして想像できる社会」への距離を感じます。

今回、フローレンスの障害者雇用を知る方たちからの後押しを受けて、わたしたちの団体が障害者雇用チームを運営する中で実際に起きた成功・失敗の事例や、スタッフの成長のための様々な工夫について世の中に発信することになりました。これから障害者雇用を始めようと考えている方や、障害者雇用を始めたばかりの方にとって一助となれば幸いです。

当事者の方、ご家族や学校の先生方には、社会に出るための事前情報として、お役に立てていただけると嬉しく思います。

第1章・第3章・第5章執筆担当　石橋　恵

フローレンスの障害者雇用チームで、障害のあるスタッフのサポートを担当している和田です。

この本をお読みのみなさんには「突然、障害のあるスタッフと働くことになった。どうしよう」とお悩みの方が多いと思います。わたしもIT企業で15年間、Webマーケティングに従事した後、縁あってフローレンスに入職し、まったく経験のない「障害のあるスタッフのサポート担当」として総務チームに配属になり「障害に関する知識もないのにどうしよう」と悩んだ一人です。

わたしはまだ2年めで、支援の専門家といえるほど経験を積んでいません。だからこそ「障害のある人」寄りでも、「企業」寄りでもなく、中立の立場で「障害のある人が企業で働くためのお仕事ハック」が書けるのではと感じました。「サポート担当になる前に読みたかったな」と自分でも思えるほど、この本には2年間のわたしの「どうして?」と「なるほど!」が詰まっています。

第2章では、職場の同僚や上司などが障害のあるスタッフを支援する「ナチュラルサポート」について書いています。ナチュラルサポートを行うには、障害特性や個人特有の苦手さや振る舞いなどを理解することが大切です。

わたしは、障害特性を理解できても、自分の中に根付いている多数派向けの「教え方」や「コミュニケーション方法」が邪魔をして、障害のあるスタッフに対して「努力が足りないのではないか」と感じてしまい、「自分と相手は違う。同じやり方ではダメなんだ」とわかるのに時間がかかりました。

そこで「ミスをカバーし、減らす方法とは?」「居眠りやボーッとしているときの対策は?」など、発達障害や知的障害のあるスタッフと働く時に疑問に思うことを中心に「障害のあるスタッフがその行動になる理由と対応方法」をご紹介しています。

第4章では、採用した障害のあるスタッフに「どのような業務を、どうやってもらうのか」について書いています。サポート担当になってからサポートの参考になる本を探しましたが、障害者雇用の分野は採用や育成の事例やノウハウばかりで、採用した障害のあるスタッフに「どのような業務を、どうやってもらうのか」のノウハウ本がありませんでした。

どのような工夫があれば仕事ができるようになるのか、今日から実践できる「電話対応」「経理事務」などのオフィス業務を中心とした実務の工夫を具体的に紹介しています。

障害のある複数名のスタッフのサポートをメイン業務にしている方もいると思いますが、多くの方は本来の業務と平行してサポートをする立場だと思います。本来の業務を進めながらでもできる、負担の少ないサポート方法をお伝えしています。

また、「採用されたけど業務が少ない。もっと仕事がしたい」「優先順位のつけ方がわからない」など、障害のあるみなさんが働く中で生じる困りごとへのアドバイスもお伝えしています。場合によっては「こんな本がありました」と職場の方と一緒に読みながら、働く環境を整えてもいいかもしれません。

障害のあるスタッフと働くことは、自分が価値を感じるものや考え方の基準である「価値観」を広げていくことです。サポート担当になってから「障害のあるスタッフが働きやすいこと」を目指してきましたが、30年近く会社員をしてきて「今が一番働きやすい」と感じています。ぜひ、みなさんの「価値観」も広げてください。

第2章・第4章執筆担当　和田　直美

わたしたちについて

わたしたちは、「こどもたちのために、日本を変える」を掲げ、未来を担うこどもたちを社会で育むために、事業開発、政策提言、文化創造の3つのアプローチで、社会課題解決と価値創造を行う国内最大規模の認定NPO法人です。

日本初の訪問型・共済型病児保育事業団体として2004年に設立し、ひとり親支援とこどもの貧困防止、こどもの虐待や親子の孤立防止、障害児家庭支援など、日本のこども・子育ての領域で総合的な活動を行っています。

2015年度に「小規模認可保育所」として国策化された「おうち保育園」をはじめとする保育事業、障害児家庭に保育や支援を届ける「フローレンスの障害児保育・支援」、こどもの虐待問題解決のため「フローレンスのにんしん相談・赤ちゃん縁組」、こどもの貧困を解決する「こども宅食」などの取り組みを全国に広め、たくさんの仲間と共に、社会に「新しいあたりまえ」をつくることを目指しています。

そして、わたしたちの団体の中には、2018年に立ち上がり、現在9人が在籍する特別支援学校を卒業して入社したスタッフで構成される「オペレーションズ」というチームがあります。メンバーの一人ひとりが、わたしたちの団体にとってなくてはならない戦力として、日々、活躍しています。

・各事業部から年間約4000時間分の業務依頼を受託
・受託した業務と総務業務の標準化
・運営する施設への派遣（年間約5400時間　清掃・保育補助）
・これまで「離職者0」を守るサポート
・個々のスキルを積み上げていく育成

これまで継続してきた様々な取り組みは、特別支援学校の先生方や障害者雇用に関わる方から評価をいただけるようになりました。

本書では、「障害のあるこどもたちが、職業に就く未来を当たり前のこととして想像できる社会」になることを願って、わたしたちの障害者雇用への取り組みについてご紹介していきます。

認定NPO法人フローレンス

目次

はじめに …… 3
わたしたちについて …… 7

第1章 障害者雇用を始めるために

1 障害について知ろう …… 16
2 法律から知る障害者雇用 …… 19
3 新たに法律に明記された責務 …… 22
4 合理的配慮について知ろう …… 24
5 合理的配慮の内容は人それぞれ …… 26
6 障害者雇用のステップ …… 28
7 配属先・受け入れ体制の検討 …… 30
8 障害者雇用担当者に必要な知識の学び方 …… 32
9 専門家のサポートを活用しよう …… 34
10 障害者雇用で大切にしたいこと …… 36

第2章

障害のある人と一緒に働くときに知っておきたいこと

1 障害名から入らず、まずは仲よくなる……42
2 「思っていること」と「言うこと、やること」が違うのはなぜ？……44
3 教える時間がないときに自分で学んでもらうには？……47
4 「次、何をやればいいですか？」を減らすには？……49
5 チーム内でサポートを分散する方法……52
6 チーム外や社外で頼る先を分散する……54
7 パニックへの対応方法が知りたい……56
8 萎縮させない注意の方法とは？……59
9 ミスをカバーし、減らす方法とは？……61
10 障害による「向いている仕事」「向いていない仕事」……63
11 「周りや情報が気になって仕事ができない」のはなぜ？……65
12 プライベートな相談にはどこまで立ち入るべき？……67
13 仕事に慣れたら新しい仕事をすすめてもよい？……69
14 非常識に見えてしまう場合は職場のルールを研修で伝えよう……71
15 他人との適切な距離感を持たせたい……75

16 サポートに対して感謝がないのはなぜ？ 77
17 居眠りやボーッとしているときの対策は？ 79
18 プライベートで問題がありそうなときの対応 82

第3章 業務の切り出しとマッチング

1 障害者にとって適切な業務とは 86
2 特性を知ってから業務を考えよう 88
3 業務を切り出すときの視点 90
4 業務組み立ての工夫 92
5 業務を増やしていくためのヒント 94
6 マニュアル作成のポイント 96
7 ＯＪＴにマニュアルを利用しよう 98
8 業務の難易度の定義と習熟度の見える化 100
9 業務の習得とマッチング 102
10 業務スケジュールを見える化する 104

第4章

知的障害・発達障害のある社員のためのお仕事ハック

1 電話対応 …… 114
2 備品管理 …… 117
3 ゴミ回収、シュレッダー作業 …… 119
4 郵便の仕分け …… 121
5 印刷代行、発送代行 …… 124
6 清掃業務（オフィス編） …… 127
7 清掃業務（施設編） …… 129
8 名刺・ポスター・チラシ作成 …… 131
9 リマインド代行 …… 133
10 スケジュール・シフト登録 …… 135
11 ツールチェック …… 137
12 スキャニング、ファイリング、データ入力 …… 139
13 他部署で働く …… 141
14 来客対応 …… 143
15 案内係の仕事 …… 145

16 外出を伴う仕事 147
17 「問い合わせ」への対応 150
18 総務系の雑務 154
19 広報系の仕事（Webメディアの更新） 157
20 経理事務の仕事 159
21 営業事務の仕事 161
22 システム部門の仕事（IT機器の設定、動画編集） 163
23 人事事務の仕事 165
24 法務事務の仕事 167
25 職場実習のポイント 169
26 マニュアルの作り方① 172
27 マニュアルの作り方② 176
28 優先順位のつけ方 178
29 スケジュールの立て方 180
30 スケジュールを守るための工夫 182

第5章

安定した就労のために

1 働く意欲を高めるには……186
2 報・連・相ができるようになるには……188
3 特性に関する情報収集の仕方……190
4 特性に関する情報共有の仕方……194
5 サポートに必要な情報共有の工夫……196
6 コミュニケーションの工夫① 伝え方……198
7 コミュニケーションの工夫② 聴き方……201
8 集合型（チーム）で運用するメリット……204
9 安定就労のための工夫……206
10 ナチュラルサポートを醸成する……208
11 家庭での生活と仕事の関係……211
12 障害者雇用に活かすマズローの欲求5段階説……213
参考文献……222

第 1 章

障害者雇用を始めるために

日常生活において障害のある人との接点が少ない私たちにとって、初めて障害のある人と一緒に働くときには不安が伴うものです。第1章では、障害者雇用に関わることになったときに知っておきたい「はじめの１歩」についてお伝えします。

第1章

1 障害について知ろう

障害に関する予備知識を持って不安を軽減し、社内にある「障壁」を取り除いていくことにつなげます。

障害の社会モデル

長い間、障害は個人の心身機能が原因であり、障害を解消するためには個人の努力や訓練、医療・福祉の領域の問題として捉える「障害の個人モデル（医学モデル）」という考え方が主流でした。

2020年パラリンピック東京大会を契機とする「ユニバーサルデザイン2020行動計画」の決定により、「障害のある人が直面する不利益や困難の原因は、社会のつくりや仕組みに起因（社会的障壁）し、解消は社会の責務である」と考える「**障害の社会モデル**」という考え方が広まってきています。

内閣府の政策の一つである「共生社会政策」においても「障害の有無にかかわらず、国民だれもが互いに人格と個性を尊重し支え合って共生する社会」を目指すとされていて、「障害の社会モデル」という考え方は欠かせないものとなりました。

障害者雇用に携わろうとするときにも、個人の「障害」に目を向けるのではなく、「**社内の仕組みや業務の組み立て方の改善によって一人ひとりの個性を活かして活躍してもらう**」といった姿勢が大切です。

障害について予備知識を持っておく

私たちには障害のある人たちと一緒に過ごす機会がほとんどありません。どのようなことに困っていて、どのような生きづらさを感じながら日々を過ごしているのかを知る機会も限られているため、「障害のある人とどう接したらよいのかわからない」と感じている方が多いのではないでしょうか。

情報によって「〇〇障害だから……」という決めつけが起こることは避けたいものですが、障害のある人の採用を考えたときには、障害に関する予備知識は持っておいたほうがよいでしょう。

身体障害（身体障害者手帳）

身体障害には視覚障害、聴覚言語障害、肢体不自由、内部障害などが含まれます。障害について周囲に伝わりやすく、必要な配慮についても「多目的トイレがある」「パソコンに音声読み上げソフトが導入されている」「チャットや筆談を用いて会話する」「定期通院に適した勤務時間」などわかりやすいため、採用を希望する企業が多くなっています。

知的障害（療育手帳）

知的障害は、知的能力と社会生活への適応機能が遅れた水準にとどまっていて、日常生活において困難を抱えている状態を指しており、主に「ＩＱ（知能指数）」を基準として判断されています。

特性としては、見通しを立てて行動することが難しい、こみいった文章や会話の理解が難しい、計算や時間など数字を取り扱うことへの困難などがありますが、障害の現れ方には個人差があり、必要な配慮もそれぞれに異なってきます。

発達障害（精神障害者保健福祉手帳）

近年、よく耳にする発達障害は、生まれつき脳機能に偏りがあることで特性が生じる障害のことで、特性が環境に馴染まず、社会生活で困りごとが現れるといわれています。

◆自閉スペクトラム症（ＡＳＤ）

社会的な関係を持ちづらい、変化に対する不安や抵抗、こだわりの強さ、感覚過敏または感覚の鈍さなどの特性があり、知的な遅れを伴う場合と伴わない場合があります。

◆**注意欠如・多動症（ADHD）**

集中が続きづらい、じっとしていることが難しい、思いつくとすぐ行動するなどの特性があり、知的な遅れを伴う場合と伴わない場合があります。

◆**学習障害（LD）／限局性学習症（SLD）**

読み・書き・計算・推論の学習行為において支障がある状態。自閉スペクトラム症や、注意欠如・多動症の特性を併せ持つ場合もありますが、知的障害は併存しません。

精神障害（精神障害者保健福祉手帳）

精神疾患のために精神機能に障害が生じて社会参加に困難を抱えている状態のことで、統合失調症、気分障害（うつ、躁うつ）、ストレス関連障害などが該当します。体調や症状のコントロールには適切な通院と服薬が大切とされており、ストレスやプレッシャー、環境の変化に弱いことへの配慮を必要とします。

発達障害の分類

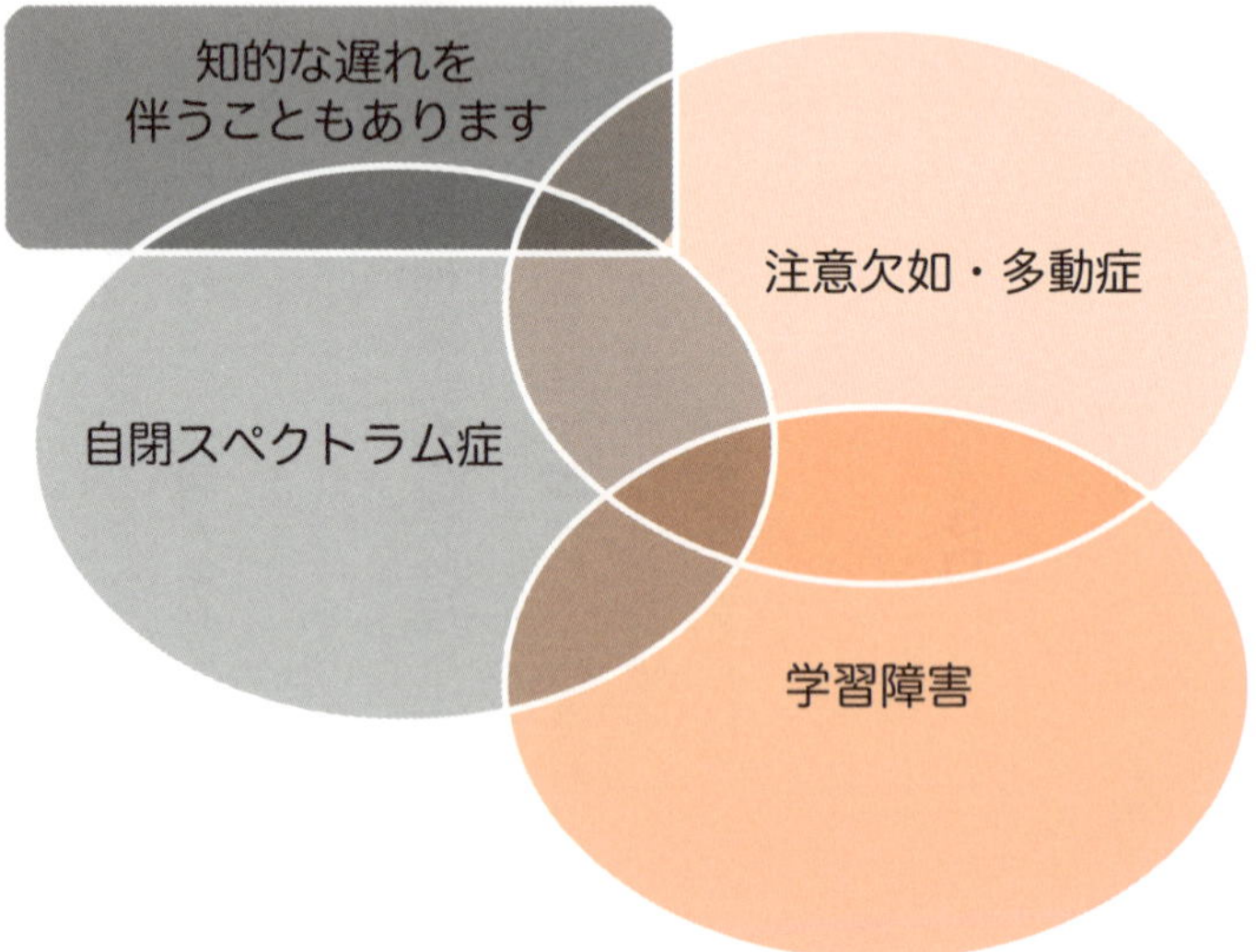

出典(参考)：厚生労働省HP
https://www.mhlw.go.jp/seisaku/17.htmlより一部改変

第1章

2 法律から知る障害者雇用

法律で定められているのは雇用率だけではありません。差別や配慮の不足が起こらない人事制度や工夫が求められています。

障害者雇用制度とは

障害者雇用は、障害のある人が特性などに応じて、自身の持つ適性や能力を十分に活かし、職業人として活躍できることが当たり前の社会の実現を目的としている制度です。法律に基づいて、**事業主には従業員の一定割合（＝法定雇用率）以上の障害者を雇用することが義務付けられています。**民間企業における法定雇用率は令和6年時点で2・5%、令和8年7月には2・7%となる予定です。

障害者の短時間労働への対応

現在、障害者である短時間労働者（週の所定労働時間が20時間以上30時間未満）は、0・5人と算定されますが、精神障害者については職場定着促進を目的として、当分の間「1人」としてカウントすることになっています。また、令和6年4月からは週の所定労働時間が10時間以上20時間未満の短時間労働者についても算定できることとなりました。

差別の禁止と合理的配慮の提供義務

平成28年4月には障害者雇用促進法が改正されて、雇用分野における「**障害者差別の禁止**」と「**合理的配慮の提供義務**」が盛り込まれました。

◆雇用における障害者の差別

障害者であることを理由として、募集や採用、賃金、昇進、教育訓練の提供などにおいて、不当な扱いを受けることを指しています。

- 障害者であることを理由に排除すること
- 評価や賃金において障害を理由に一律的な取り扱いをすること
- 障害のない人を優先すること

◆合理的配慮の提供

障害のある人が、個々の能力を発揮しようとするときに、障害のない人とスタートラインを合わせることができるための措置を指しています。

合理的配慮を正しく提供するには次のことに注意が必要です。

- 必要な配慮について、障害者本人からの申出による確認を取ること
- 配慮の提供については、事業所と本人との双方の話し合いによって決めること
- 事業所内において、障害特性や合理的配慮に関する啓発を行うこと

合理的配慮の具体的事例としては、次のようなものがあります。

- 視覚障害がある人に点字や音声を用いて情報を提供する
- 聴覚障害がある人に筆談やタブレットを用いて情報を提供する
- 車いすでの移動のためにスロープを設置する、高さの調整できる机を用意する
- 業務作業手順をわかりやすく示しておく
- 作業の優先順位や期限を明確に示しておく
- 通院・体調に配慮した、出退勤時刻・休暇・休憩の制度を準備しておく

障害者の算定方法

週所定労働時間	30H以上	20H以上30H未満	10H以上20H未満
身体障害者（重度）	1（2）	0.5（1）	―（0.5）
知的障害者（重度）	1（2）	0.5（1）	―（0.5）
精神障害者	1	0.5*	0.5

*一定の要件を満たす場合は0.5ではなく1とカウントする措置について、当分の間延長予定
参考：厚生労働省「障害者の法定雇用率引上げと支援策の強化について」

法定雇用率

	令和5年度	令和6年4月	令和8年7月
民間企業の法定雇用率	2.3%	2.5%	2.7%
対象事業主の範囲	43.5人以上	40.0人以上	37.5人以上

障害者を雇用しなければならない対象事業主には、以下の義務があります。
・毎年6月1日時点での障害者雇用状況のハローワークへの報告
・障害者の雇用の促進と継続を図るための「障害者雇用推進者」の選任（努力義務）
出典：厚生労働省「障害者の法定雇用率引上げと支援策の強化について」

$$\text{自社の法定雇用障害者数} = \left(\text{常用労働者数} + \text{短時間労働者数} \times 0.5\right) \times \text{障害者雇用率}(2.5\%)$$

$$\text{実雇用率} = \text{障害者である常時雇用労働者の数} \div \left(\text{常用労働者数} + \text{短時間労働者数} \times 0.5\right)$$

第1章

3 新たに法律に明記された責務

厚生労働省は5年ごとに「障害者雇用実態調査」を実施しています。調査結果は厚生労働省のホームページ上で公表されています。

雇用している障害者への配慮の現状

「障害者雇用実態調査」の調査対象の一つに「雇用している障害者への配慮事項」があります。短時間勤務や休暇、勤務中の休息を取りやすくするといった事項については多くの事業所で配慮されていますが、能力開発機会の提供、職業生活に関する相談員の配置についての取り組みは少ないという結果が出ています。

適正な雇用管理に関する責務

令和5年4月、**障害のある従業員に対する「適正な雇用管理及び職業能力の開発・向上に関する措置」が事業主の責務となりました。**障害者雇用において、キャリア形成と定着の促進を積極的に進めるため、次の取り組みが求められています。

- 特性や希望に応じて能力を発揮できる業務提供
- 継続的な能力開発・向上の機会の提供
- 障害特性を踏まえた相談、指導及び援助
- 本人の希望、能力を踏まえた業務目標の設定
- 障害及び障害者についての職場全体の意識啓発
- 業務実績等を踏まえた人事評価と実施

社会的全体がウェルビーイングの実現に向かう中で、障害者雇用においても働く場における心理的安全性や、働くことを通じての本人の自己実現にも心を配ることが必要となってきています。

雇用している障害者への配慮事項別事業所数の割合（複数回答）

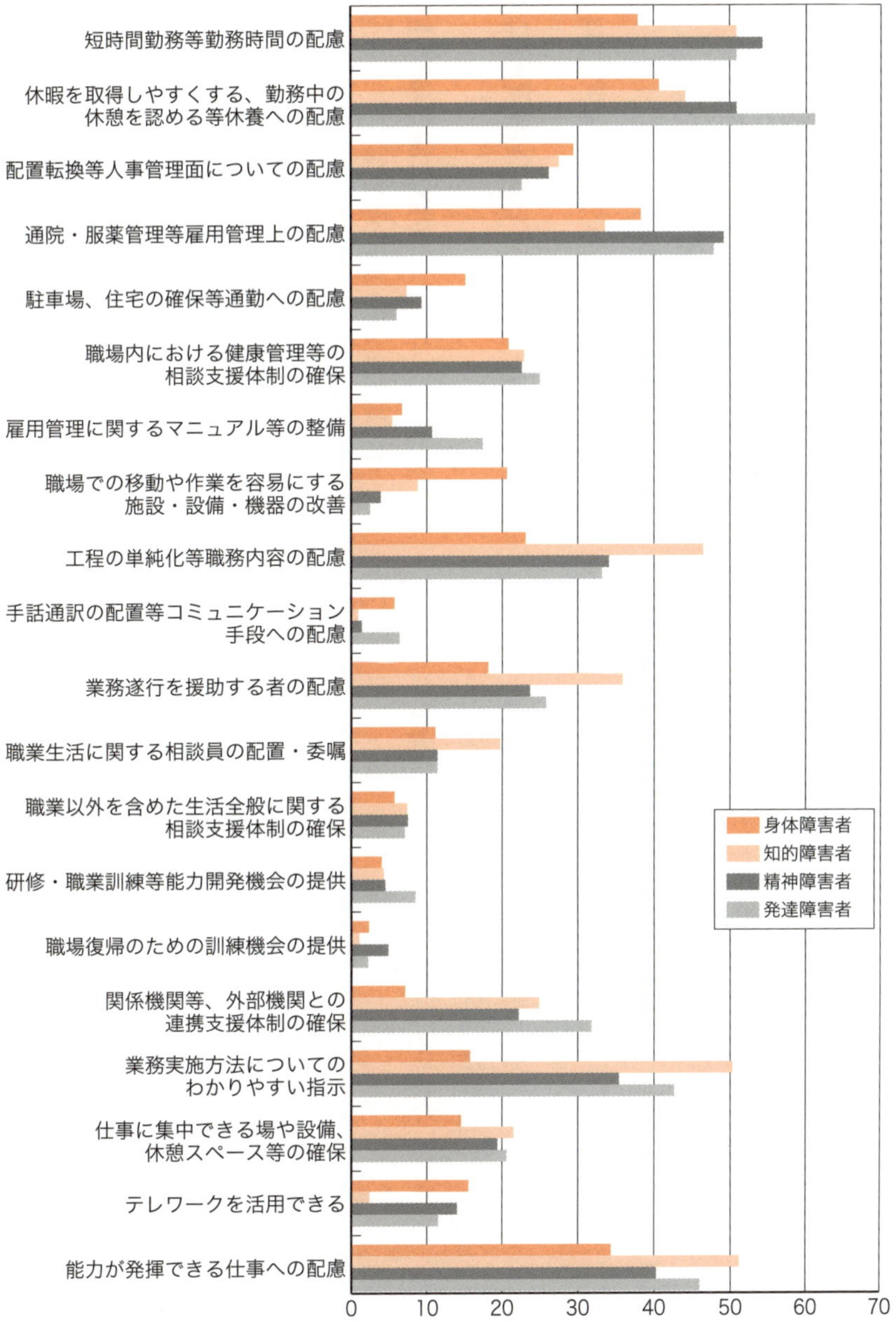

出典：厚生労働省「令和5年度障害者雇用実態調査」

第1章

4 合理的配慮について知ろう

令和6年4月に、事業者による障害のある人への合理的配慮の提供が義務化されたことで、合理的配慮についての認知度が高まりました。

合理的配慮の提供は義務化されている

障害者雇用の分野では、平成28年の障害者雇用促進法改正時に「障害者に対する差別禁止」とともに「**合理的配慮の提供義務**」が盛り込まれました。

合理的配慮とはどういうこと？

「合理的配慮について、具体的にはどうしたらよいのでしょう」という声をよく耳にします。

厚生労働省による「合理的配慮指針」の冒頭文によれば、「雇用の分野における障害者と障害者でない者との均等な機会若しくは待遇の確保又は障害者である労働者の有する能力の有効な発揮の支障となっている事情を改善するために事業主が講ずべき措置」となります。

したがって、次のような考え方は「合理的配慮」ではありません。

- 障害があるのだから無理はさせない
- 障害があるからミスは仕方がない
- 障害があるのだから何もしなくてよい
- 障害者からの求めには応じなくてはいけない

厚労省のホームページには、配慮した結果として得るべき「合理的な状況」について、「障害者等が能力、適性を十分に活かし活躍すること」と示されています。

ここで大切なのは、障害者に「能力」があることを前提にしていることです。彼らは能力はあるけれども、障害（制約）によって発揮することが難しいのです。しかし、障害特性（制約）に対して工夫（配慮）をすれば、能力を発揮することができ、活躍できるようになるのです。

障害者を雇用する事業所に求められている合理的配慮とは「障害者それぞれの持つ能力が発揮されるための工夫を考えて実施すること」といえるでしょう。

苦手なことも、工夫があることで大きな活躍につながるケースが数多くあります。逆に、障害特性からくる苦手に対する工夫がなければ、活躍が難しくなります。障害のある人にとって配慮（工夫）は仕事をする上で欠かせないものであると認識し、一人ひとりにどのような配慮（工夫）が必要かを、本人とともに考えていくことが大切です。

合理的配慮の始点は本人の発信

合理的配慮は「本人からの求めに応じて、双方の話し合いの上決定する」もので、一方的に与えるものではありません。

「合理的配慮」を福祉サービスの提供のように捉えてしまうと、先回り、かつ一方的になることがあります。どれだけ「よかれ」と考えていたとしても、「思い込み」が始点となった一方的な配慮は、場合によっては本人が差別のように感じてしまうこともあるため十分な注意が必要です。

合理的配慮のポイント

- 採用時に本人から申し出てもらう
- 当事者・企業側双方で話し合い
  - ・希望が実現可能かどうかの判断
  - ・確定した配慮に対する内容と理由の説明
  - ・配慮を実施するにあたっての情報共有先
  - ・実現が難しい場合の理由
- 情報共有や引き継ぎ、フォロー体制を整える
- 配慮内容の見直しを定期的に実施する

第1章

5 合理的配慮の内容は人それぞれ

合理的配慮は、本人の求めに応じて進めていくものです。では、どこまで本人の希望を受け入れる必要があるのでしょうか。

本人の求めにどこまで応じる？

合理的配慮の指針には「**合理的配慮の提供の義務については、事業主に対して「過重な負担」を及ぼすこととなる場合は除くこととしている**」と書かれており、実現困難な場合や大きな費用負担が必要となる場合には、本人の意向を尊重した上で、配慮が実施できないことを伝えてよいことになっています。

また、**合理的配慮は「仕事を円滑に進め生産性を上げる」ためのものであって「本人だけの居心地のよさ」を整えるものではありません。**一方的に誰かに負担がかかるような場合は配慮とはいえず、本人だけでなく、一緒に働く上司や同僚も安心・安定して働けることが大切です。

一人ひとりの必要と向き合う

合理的配慮について「○○障害のために△△な配慮をしているから大丈夫」と、一括りに考えてしまうのは避けたいものです。

たとえば、バリアフリートイレの設置があったとします。車椅子には様々な様式があり、重さも大きさも、仕様にも驚くほど違いがあります。本人の特性に合わせた利用方法も異なるため、同じトイレでも利用できない場合があります。これは物理的な事例ですが、得手不得手といった目に見えないことへの配慮も同じです。

一人ひとり性格が異なるように、同じ障害であっても得手不得手はそれぞれ違いがあって、かつ不得手の度合いも異なります。どのように困難さがあり負担を感じているのかは、当人にしかわからないのです。

「合理的配慮」について検討するときに、私たちが心がけなければいけないことは、関心を持って一人ひとりを「知ろうとする」ことと、受容し共感する姿勢です。

社内全体に有益な配慮もある

障害の有無にかかわらず、働く誰にも有益な工夫もあります。

たとえば、作業手順の簡素化、簡潔な作業指示でのマニュアルの作成、スケジュール管理ソフト・リマインダーの活用、通院に配慮した人事制度などが相当します。

障害者雇用を考える場合は、事前に考慮しておくとよいでしょう。

合理的配慮とわがままの違い

合理的配慮	わがまま
安定して勤務を継続するため、就労は時短勤務でスタートしたい	その都度、体調に合わせての早退を許可してほしい
指摘を受けることに敏感で、言われたことが頭に入りづらくなるので、ミスがあったときには静かな口調で具体的に教えてほしい	指摘を受けることに敏感なので、ミスがあったときには指摘せずフォローしてもらいたい
パニックなどで仕事の継続が難しいときには、クールダウンのための時間がほしい、長時間業務に戻ることが難しいときには早退させてほしい	早退すると親が心配するので、仕事の継続ができない状態でも職場にいたい

第1章

6 障害者雇用のステップ

障害のある人を雇用する際に必要な、様々な準備について順を追って説明します。

障害者雇用の準備

障害のある人を雇用する前には、様々な準備が必要です。ハローワークや地域障害者職業センター、東京しごとセンターなどが、事業所からの相談に対応するための窓口を設けていますので、障害者雇用の準備にハードルの高さを感じるときには利用することをおすすめします。

◆障害者雇用のステップ

①障害者雇用についての理解を深める（経営・担当部署・人事など）
②方向性、目標の決定、受け入れ体制の検討（集合型・配置型）
③ハード面の配慮（バリアフリー）
④雇用条件の検討、キーマンの決定、社内全体の理解醸成
⑤具体的な業務の検討、マニュアル化
⑥職場実習の受け入れ（経験を積む・実際を知る）
⑦採用
⑧定着支援

事業所全体で理解を深めるために

障害者雇用を安定させるためには、事業所全体での理解と協力が必要です。経営の中心を担う人自身が障害者雇用の必要性を理解し、自ら「経営の方針として障害者雇用を進めていく」ことを社内に発信して、スムーズに障害者雇用を進めていきたいものです。

障害者雇用の目的を決めておこう

新しいことを始めるときには、方向性を見失わないように、まずは目的や目標を決めるものです。障害者雇用についても同じように、スタートする前に「障害者雇用を通じて実現したいこと」を決めておくことをおすすめします。

フローレンスでは7年前に「障害者雇用を通して全スタッフの可能性を最大化する」ことを障害者雇用におけるビジョンと定めました。ここには、障害のあるスタッフにも強みを活かして活躍し、フローレンスの活動を支える人材であってほしいとの思いがありました。

このビジョンがあったからこそ、業務の切り出しや安定就労に向けた個々への対応など、様々な課題にぶつかっても方向を見失わずに乗り越えることができたと感じています。

障害者雇用8つのステップ

- STEP1 理解を深める（経営・人事 担当部署）
- STEP2 受け入れ体制検討（経営・人事）
- STEP3 設備面配慮（総務・人事）
- STEP4 雇用条件検討 社内理解醸成（人事）
- STEP5 業務の検討 マニュアル化（担当部署）
- STEP6 職場実習受け入れ（人事 担当部署）
- STEP7 採用（人事 担当部署）
- STEP8 定着支援（人事 担当部署）

第1章

7 配属先・受け入れ体制の検討

障害のあるスタッフの配置の仕方には、一つの部署で受け入れる「集合配置型」と、社内の様々な部署で受け入れる「拡散配置型」があります。

受け入れ体制の検討

障害者雇用を始める際には、「**集合配置型**」「**拡散配置型**」のどちらの体制で受け入れをスタートするかについて検討が必要です。

それぞれのメリット・デメリットと、必要な工夫について紹介します。

◆集合配置型

- 人事や総務などの決まった部署への配属
- 障害者雇用のための組織を作る

サポート業務が集中するため、障害者雇用のノウハウが蓄積しやすくサポートの専門性が担保されるという大きなメリットがあります。働く人にとっても、**ピアサポート**（共通項と対等性を持つ人同士（ピア）の支え合い、相互支援）が生まれやすい環境であるといえます。一方で、事業所全体でのダイバーシティ＆インクルージョンの意識が広がりにくくなることはデメリットとなります。

また、障害のあるスタッフの人数の増加に伴い、社内全体から業務を集めるなどの工夫が必要となります。

◆拡散配置型

- 社内の各部署にまんべんなく配属する
- 多店舗経営において各店舗に配属する

社内全体でのインクルーシブマインド醸成は進みやすくなりますが、各部署ごと、店舗ごとにサポート担当者となる人材の育成が必要となります。また、サポート業務を部署や店舗に任せきりにしてしまうことは、現場の負担感が大きくなり、トラブルにつながりかねません。このため、人事などにおいて障害者雇用に関する相談に対応できる体制作りも欠かせません。

サポート担当は複数で

一人でサポート業務を担当していると『私が』サポートしなくては」との思いが強くなり、無意識に周囲からのサポートを阻んでしまうことがあります。障害のあるスタッフのサポート担当者への依存度が高まり、サポート担当者が不在になると不安からパニックを起こしてしまうようなことにもつながりかねません。

集合配置、分散配置のいずれにおいても、サポート業務は初めから複数のメンバーで担当することが望ましいでしょう。

ノウハウの蓄積が必須

障害のある人が多くの場所で活躍できるよう、拡散配置型にするのが望ましいとはいえ、いきなり部署配属で障害者雇用を始めるのは、働く人も受け入れる側も負担が大きいというのが実際のところです。

フローレンスでは部署配属でスタートしましたが、1年ほどで集合配置型へと方向転換しました。現在は、一般部署への配属も併用されていますし、派遣型で部署や施設での業務にあたることで、集合配置のスタッフも全社での活躍が可能となっています。

人事や総務など障害者雇用を管理する部署で一定のノウハウを蓄積した上で、一般部署への配属へ広げていくことが、拡散配置型を成功させる方法の一つかもしれません。

第1章

8 障害者雇用担当者に必要な知識の学び方

障害者雇用の担当になると決まったら利用したい研修などを紹介します。

無料で参加できる研修もある

障害者雇用の担当になると決まったときに、何を学んだらよいのかと悩む人は多いかもしれません。最近は、支援事業者や職業紹介事業者などがインターネット上にたくさんの情報を掲載していますし、無料のセミナーや動画配信もあって、個人でも学びやすくなりました。

初めて障害者雇用に取り組む場合には、定期的に開催されている公の支援機関による研修に参加して、障害者雇用支援全般について学ぶとよいでしょう。

左ページに無料のセミナーなどを紹介しました。

Googleアラートを活用する

障害者雇用を取り巻く環境は、近年毎年のように変化があるため、最新の情報を知っておくことを心がけておきたいものです。

Googleアラートを利用してウェブ上に掲載される障害者雇用に関する新着コンテンツを収集するのもおすすめです。

制度改正などの最新情報を得るだけでなく、セミナー情報の収集にも役立ちます。

なお、個人で学ぶ際に注意していただきたい点があります。障害特性などの一部の情報だけに絞り込んでしまい、「〇〇障害だから」といったステレオタイプの考え方に陥らないよう気をつけましょう。

成功事例を知ろう

障害者雇用を進めるにあたり、役立つのは「成功事例」からの学びです。事業所の規模や業種に違いはあっても、抱える悩みが似ているため、障害者雇用で成果を上げている企業には、真似できる取り組みがたくさんあります。

ハローワークでも好事例企業の見学会が開催されることがありますので、足を運んでみてはいかがでしょうか。

独立行政法人高齢・障害・求職者雇用支援機構が提供する「**障害者雇用事例リファレンスサービス**」(https://www.ref.jeed.go.jp/index.html) には、障害者雇用のモデル事例や合理的配慮事例が多数公開されています。

障害者雇用について学べるセミナーなど

研修名・サイト名など	内容
障害者職業生活相談員資格認定講習(独立行政法人高齢・障害・求職者雇用支援機構)	「障害者職業生活相談員」の資格認定のための講習です。障害のある職員の職業生活全般についての相談・指導に対応するために、障害者雇用の理念から能力開発・カウンセリングまでを学べる幅広い講習内容になっています。
企業在籍型職場適応援助者養成研修(独立行政法人高齢・障害・求職者雇用支援機構)	「職場適応援助者」を養成するための研修です。職場で生じる障害者雇用に関する様々な課題についての支援を役割として担うために、障害者本人への支援だけでなく、業務の切り出し方や社内での障害者雇用促進等についても学んでいきます。
ハローワーク障害者雇用セミナー	開催内容はセミナーにより異なります。
職業紹介事業者や就労支援事業所などの主催セミナー	テーマを絞った1時間程度のセミナーがほとんどです。WEB開催や無料のセミナーも多く参加しやすくなっていますが、受講後に電話やメール等での連絡が入ることもあります。
障害者雇用事例リファレンスサービス(独立行政法人高齢・障害・求職者雇用支援機構)	WEB上で障害者雇用のモデル事例が公開されています。https://www ref, jeed. go jp/ i ndex, html
障害者ドットコム(障害者ドットコム株式会社)	障害のある方の生活を応援するための障害福祉情報メディアです。障害当事者ライターが書いている記事もあり、当事者の気持ちを知ることができます。https://shohga i sha. com/

第1章 9 専門家のサポートを活用しよう

初めて障害者雇用に取り組む際には、専門家のサポートを受けて始めることをおすすめします。採用だけでなく、雇用管理や定着に関しても様々なサポートがあります。

採用のサポート

障害者雇用も、一般採用と同様にハローワークや人材紹介サービス、自社サイトでの直接募集で採用を進める方法があります。

◆ハローワーク

障害者雇用専門の窓口があり、職域開拓や雇用管理などについても相談に応じてもらえます。定期的に開催される集合型の面接会に参加すれば、多くの人材と出会うことができるでしょう。

特別支援学校の見学会も実施されていますので、新卒採用を考えている場合には参加してみるとよいでしょう。

◆職業紹介事業所

法定雇用率が上がるのに伴い、障害者に特化した職業紹介事業所が増えてきているようです。費用はかかりますが、必要な配慮やスキルなど一定のスクリーニングが行われていて、人材要件にも柔軟に対応してもらえます。また、就労後も訪問や面談などの定着支援を一定期間行っている事業者も多く、安心感があります。非公開求人も可能です。大手企業の求人も多いため、条件面での競争力は必要になるかもしれません。

人材と出会うことのできる機関

実習の受け入れなどを通じてパイプを作っておくと、人材と出会うことのできる機関がいくつかあります（ハローワークを通じての採用）。

◆**就労移行支援機関**

就労を目的とする自己啓発や、職業生活遂行・職務遂行のための訓練を行っていますが、支援の内容は機関により様々です。グループ企業内で職業紹介事業を運営する就労移行支援機関もあります。

◆**特別支援学校**

心身に障害のあるこどもが通う学校のことです。就業技術科や職能開発化など、就労に向けたカリキュラムのある学校もあります。

◆**障害者職業能力開発校**

経理、情報処理などの専門的な知識・技能を身につけるための職業訓練校。

定着のためのサポート

障害者雇用は、採用がゴールではありません。安定就労の継続と定着をサポートしてくれる機関についても知っておくと安心です。

◆**地域障害者職業センター**

雇用管理について障害者職業カウンセラーに相談が可能。課題について集中的な支援が必要な場合には、職場適応援助者の派遣による支援があります。

◆**障害者就業・生活支援センター**

本人の居住地域において、就業面と生活面の一体的な相談・支援を行う支援機関です。

◆**東京しごと財団**

各種セミナーや企業見学の開催、初めて障害者を雇用する際のサポートなど。ジョブコーチの派遣による訪問支援もあります。

第1章

10 障害者雇用で大切にしたいこと

障害者の安定した継続就労をサポートするために、大切にしたいことがあります。

全社で障害者雇用への理解を深める

障害者雇用は、人事や受け入れ部署だけで対応すればよいというものではありません。**全社で障害者雇用への理解を深めて、障害のある人を特別視せずに同じ職場の一員として受け入れることのできる環境を整えておきたいものです。**ぜひ、障害者雇用に取り組むタイミングで社内全体に向けて障害者雇用研修を実施してみてはいかがでしょうか。障害者雇用制度を知ることで、事業所が社会から求められていることの理解につながりますし、一般的な障害特性や必要な配慮などについてあらかじめ情報を得られれば、知識がないことからくる不安が解消されて、障害のある人と共に働くことについて考えるきっかけにもなるのではないでしょうか。

ハローワークでは、一般の従業員向けの研修として「精神・発達障害者しごとサポーター養成講座」の事業所への出前講座を行っていますし、民間にも障害者雇用研修を請け負う事業者がありますので利用してもよいでしょう。

障害者雇用への理解を深めるとともに、事業所の障害者雇用に関する方針も、しっかりと全社に向けて示しておくことも大切です。

数字より安定就労を目指そう

法定雇用率の達成だけを目的とした採用は避けたいものです。一度に多くの人数を採用するのではなく、**一人ひとりとしっかり向き合うことのできる人数の採用にとどめておくほうが丁寧に育成できるた**

め信頼関係性を構築しやすく、長期での安定就労が期待できます。課題への対応も丁寧に行えるので、支援ノウハウも蓄積もしやすくなります。

また、信頼関係が構築されることでトラブルが起こりにくくなり、仕事自体に集中することができるため業務での自立も進みやすくなります。本人の自己有用感を高めることにもつながっていきます。

一般採用に比べて障害者採用は定着率が低く、採用活動を行い続けている事業所も少なくありません。離職を防いで採用コストを抑えるためにも、焦らず丁寧に育成することをおすすめします。

障害に関する情報

障害に関する情報は「要配慮個人情報」であるため、本人の了解を得ずに取得することはできませんが、事業所にとっては合理的配慮を考える上での基盤となるものです。事業所と本人が互いに協力して「働きやすい環境」を作っていく必要があることを説明した上で、タブー視せずしっかりと聞き取りを行うことが大切です。

情報の収集とともに大切なのが、障害や必要な配慮に関する情報を社内でオープンにするか否か、オープンにする場合、どの範囲までとするのかについての本人の希望を確認することです。必要な配慮に関する情報については、社内でオープンにしておいたほうが周りからの理解や配慮を受けやすくなり、本人の働きやすさにもつながりますので、確認の際にはこのことを十分に説明しておきましょう。

くれぐれも、**本人の希望を確認せずに事業所の独断で情報をオープンにしてしまうことのないよう、十分に注意してください。**

自己理解について

障害の有無にかかわらず、自己を理解しておくことは生きやすさにつながります。障害者採用においては、就労上で必要となる「自己理解」がどの程度かを確認しておけるとよいでしょう。

◆就労で必要な自己理解

- 業務上でできないことや苦手なことの理解
- 特性や苦手なことを正しく説明できること
- 苦手なことに自分でできる対処（工夫）
- 必要な支援（配慮）を周りに伝えること

本人が、自身の苦手をどの程度受容できているかについても併せて確認しておけると安心です。

障害の程度が軽度の場合や、人生の途中で障害についての診断があった場合などにおいては、自己で認識している姿（または理想とする姿）と現実の姿との間に乖離があったり、「自分には配慮は必要ない（受けたくない）」との思いから葛藤が起きて、心身の不調や業務への支障につながってしまう場合もあるからです。

スキルより大切なもの

業務に必要なスキルは入社した後で身につければよいと考えれば、採用の際にあまり気にする必要はありません。しかし、**生活面におけるスキルは採用の過程で確認しておけるとよいでしょう。**

◆家族と同居している場合の質問例

- 朝は一人で起きているか
- 金銭の管理は自分でしているか
- 家庭での役割について
- 学校ではどのような役割を果たしたか
- 友人同士で外出するか
- 趣味などのプライベートな活動はあるか

一見、仕事には関係がないようですが、これらは社会生活を送るために必要な基本的スキルにつながります。

たとえば、家族から離れて外出ができていれば、困ったときに周りに助けを求める経験ができているでしょう。また、一緒に過ごすことのできる友人がいれば、仕事でストレスを抱えたときにも発散しやすい環境であると考えられます。

家庭との関わり方

障害者雇用における家庭との関わり方は、事業所の考え方によって異なります。

家庭への連絡はすべて支援機関を通じて行う、家庭に職場での様子を知らせる機会を持つ、支援機関も使いつつ場合によっては直接家庭に連絡を取る、など様々です。家庭にとっては、事業所と直接関わりがあれば、職場での様子を知ることができ相談もしやすいので、安心感につながるでしょう。一方で、職場は訓練の場ではなく「仕事」をする場であることの意識が、薄くなりかねません。

家庭と直接連絡を取ることを選択した場合にも、一定の距離を保てるよう注意が必要です。

フローレンスの場合

知的障害や知的な遅れを伴う発達障害を持つスタッフについて、フローレンスでは支援機関や卒業学校の支援も受けつつ、ときには家庭に直接連絡をする方法をとってきました。

理由は大きく三つありました。

- 知的障害や知的な遅れを伴う発達障害の場合、家庭での生活状況が仕事に影響を与えやすいと感じた
- 当時は自分たちの支援スキルに不足があり、家庭の協力を得られることで、安定就労に結びつきやすいと考えた
- 家庭に状況を伝えることで、心配からくる本人への声がけを避けられると考えた

障害者雇用を始めて1~2年は家庭への連絡が一定数ありましたが、7年間で支援のノウハウが蓄積したことで、今では家庭への連絡を必要とするようなことはほとんど起きなくなりました。

家庭との関わり方は、事業所としての方針をきちんと決めておくと安心です。

職業準備性ピラミッド

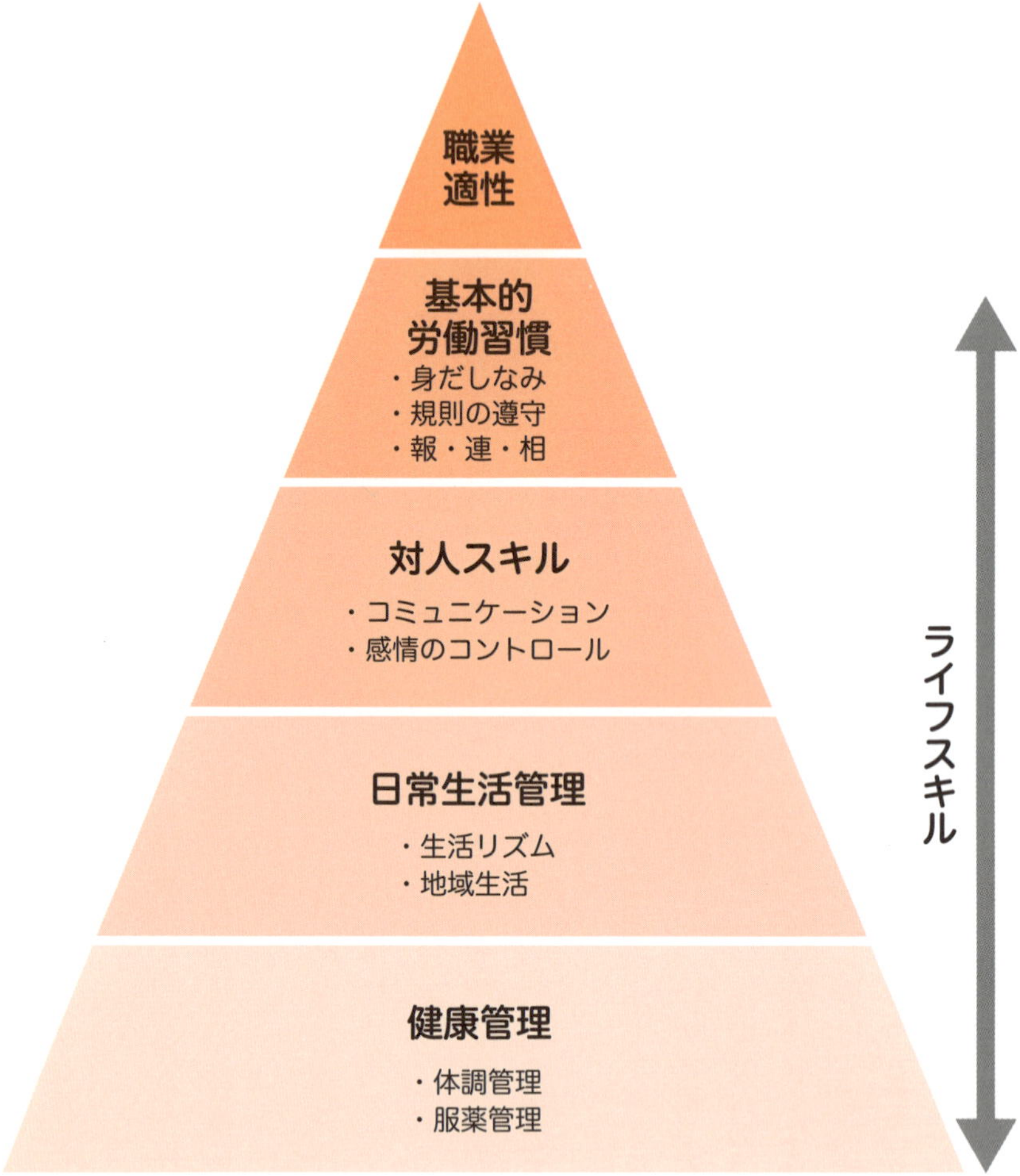

参考：高齢・障害・求職者支援機構 HP

第2章

障害のある人と一緒に働くときに知っておきたいこと

職場の同僚や上司などが、障害のあるスタッフを支援する「ナチュラルサポート」。ナチュラルサポートを行うには、障害特性や個人特有の苦手さや振る舞いなどを理解することが大切です。第2章では、「ミスが減らないのはなぜ？」「やる気がなく見えるのはなぜ？」など、発達障害や知的障害のあるスタッフと働くときに疑問に思うことを中心に「障害のあるスタッフがその行動になる理由と対応方法」をお伝えします。

1 障害名から入らず、まずは仲よくなる

チームメンバーがお互いを知り、相手のよさを見つける方法をお伝えします。

「発達障害の○○さん」ではなく「ドラマが好きな○○さん」

「まずは、みんなと仲よくなってね」。これは筆者がサポート担当者になった頃に、先輩サポーターから言われた言葉です。「もっとメンバーの障害のことを教えてくれないと、相手を傷つけたり間違った対応をしたらどうするの？」と不安になりました。「仲よくする方法」がわかりませんでした。

ある日、会話が得意な障害のあるスタッフに「いつもどんなドラマを見るんですか？」と聞かれ、ドラマ名をあげたら「私も見てます！　面白いですよね」と盛り上がりました。それが、そのスタッフと仲よくなれた瞬間でした。

業務上では障害のあるスタッフをサポートする立場であっても、雑談をしているときはただの同僚です。障害特性と性格を区別して考えるためには、障害ありきで見るのではなく、「まずは仲よくなって、相手のよさを見つける」ことが大切です。

雑談の機会はたくさんあります。たとえばサポートをしているスタッフとの定期的な面談の際に、仕事のことは早々に切り上げて、「休日に何をしているんですか？」「最近いいことありました？」などと話しかけます。

「感情カード」で気持ちを表現する

「**感情カード**」を利用した朝会も雑談のネタを探すにはいいチャンスです。感情カードとは感情の名称とともにいろいろな表情が描かれたカードで、

「自分には感情がある」こと「感情は尊重してもらえる」という経験ができるツールです。感情カードを使うことで自分の気持ちを適切に表現する練習にもなります。

毎日、朝会で自分の今の感情に基づいたカードを出しながら、感じたことを一人30秒から1分ぐらいで話します。

「『そわそわする』です。昨日、震災のニュースを見て、まだ支援が届いていないらしいです」

「心配だね」

こんな感じに自然な形で会話が生まれ、「どんなときに、どのような感情になる人なのか」を知ることができます。日々の会話を通じて相手のことを知れば知るほど、そのスタッフの障害名は気にならなくなり、自然に仲よくなることができるでしょう。

さらに、「○○さんはこんなよい面があるから、このアプローチが伝わりやすいかも」と、サポートもしやすくなります。

「感情カード」で今の自分の気持ちを表現する

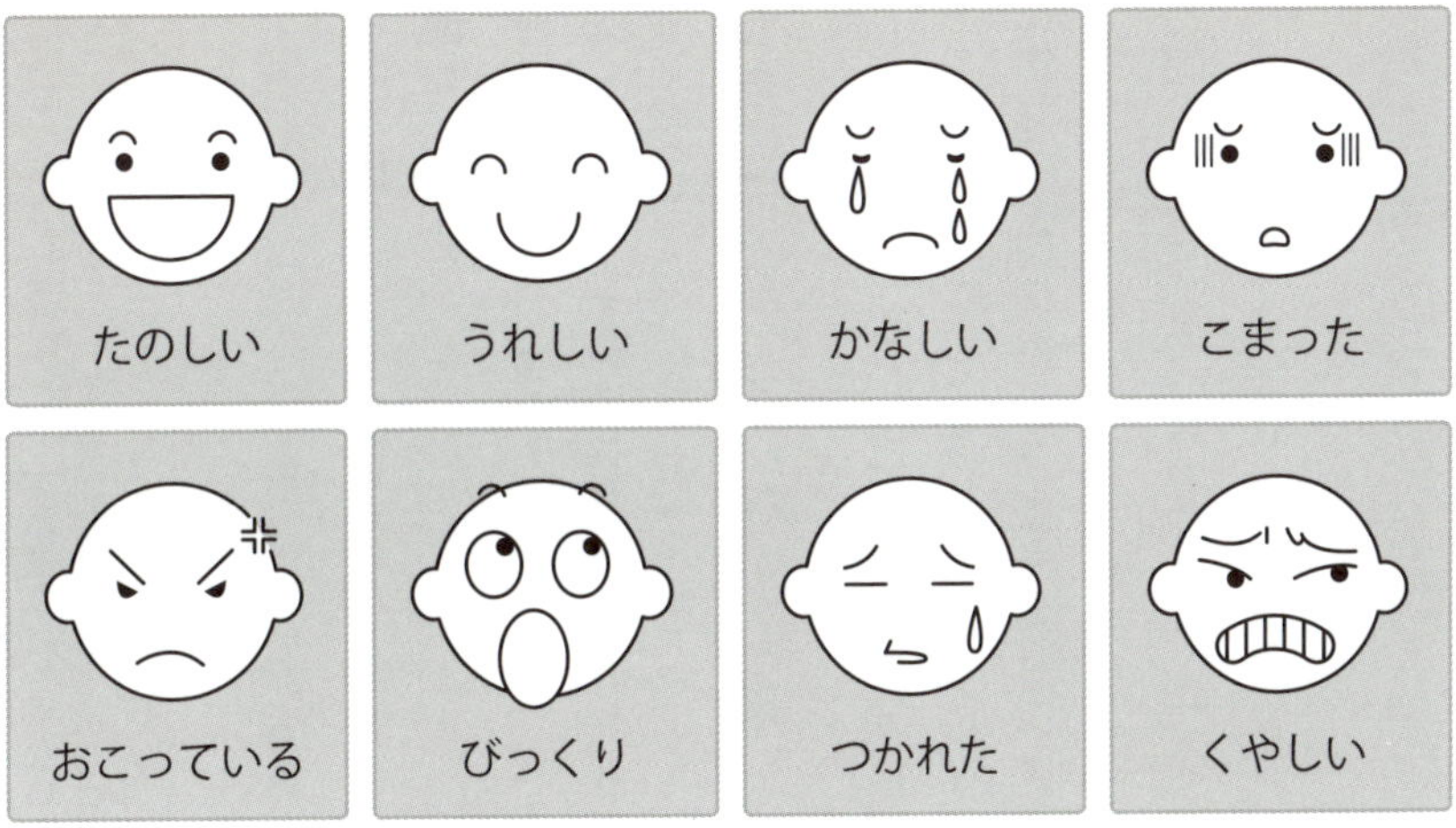

いろいろな感情が描かれた「感情カード」を使って
コミュニケーションをとろう

第2章

2 「思っていること」と「言うこと、やること」が違うのはなぜ？

『はい』と言ったのに、指示通りにやらない」など、言うこととやることが違う人がいます。なぜ違ってしまうのでしょうか。

返事はあるのにできていない

仕事で指示をしたときに『はい』と言ったのに、どうして指示通りにやってくれないんだろう」と思うことはありませんか？

「言われたことはわかった」けれど「理解してわかった」わけではない状態なのかもしれません。本人が嘘をついているわけではないので「何で違うことをするの？」と注意しても解決しません。相手がわかった態度をとったとしても、それを鵜呑みにせず「理解してわかる」までレクチャーする必要があります。

◆対応策

- 「何で違うことをするの？」など、行動を注意するのではなく、「このやり方でお願いします」と優しく伝える
- お手本を見せて、本人に何度かやってもらうことで「理解してわかる」までレクチャーする

言ったのに「言っていない」と言い張る

「あいつバカじゃないの」など、普通は心の中でしか思わないようなことを、パニックになったときなどにボソッと口に出してしまう人がいます。本人は言ったつもりはないので、「さっき言ったでしょう」と問い詰めても、「言っていない」の一点張りになって、こじれてしまう場合があります。

失礼な言い方や、乱暴な言い方をする

たとえば、誰かが失敗してしまったときに「致命的な失敗をしてしまいましたね」などと率直に言ってしまい、失礼だなと思われる人がいます。失敗した人の感情を読み取ることができずに、客観的事実をありのまま口にしてしまうからです。

また、興奮すると抑えることが難しく、乱暴な言い方で口に出してしまう人もいます。逆に、誰に対しても丁寧すぎる言葉遣いをしたり、褒め言葉がおおげさな人もいます。

◆対応策

- 事前に「悪気がなく、きつい言葉が出てしまうこともあります」と周囲に伝えておく
- 乱暴な言い方が本心ではないことを理解し、受け流す
- 言葉だけを真に受けず行動から判断する（たとえば、クールダウンしていたり、仕事を続けている場合は、反省したい気持ちの表れだと理解する）
- 乱暴な言い方が頻発して、一緒に働いている人のメンタルに影響が出てしまう場合は、支援機関などに相談する
- 言葉遣いが丁寧すぎたり、褒め言葉がおおげさな場合は、違和感を感じても言葉遣いを指導したりせず、普通に対応する

こだわり行動がある

物事を処理する手順や、特定の分野に対するこだわりがある人は「急なスケジュール変更」や「環境が変わること」が苦手なことがあります。

◆対応策

- 働く場所（席）や仕事内容、一緒に働く人に変更がない定常の仕事を用意しておく
- 手順やスケジュールに変更がある場合は、事前に伝えておく

「理解してわかる」ためのレクチャーの方法

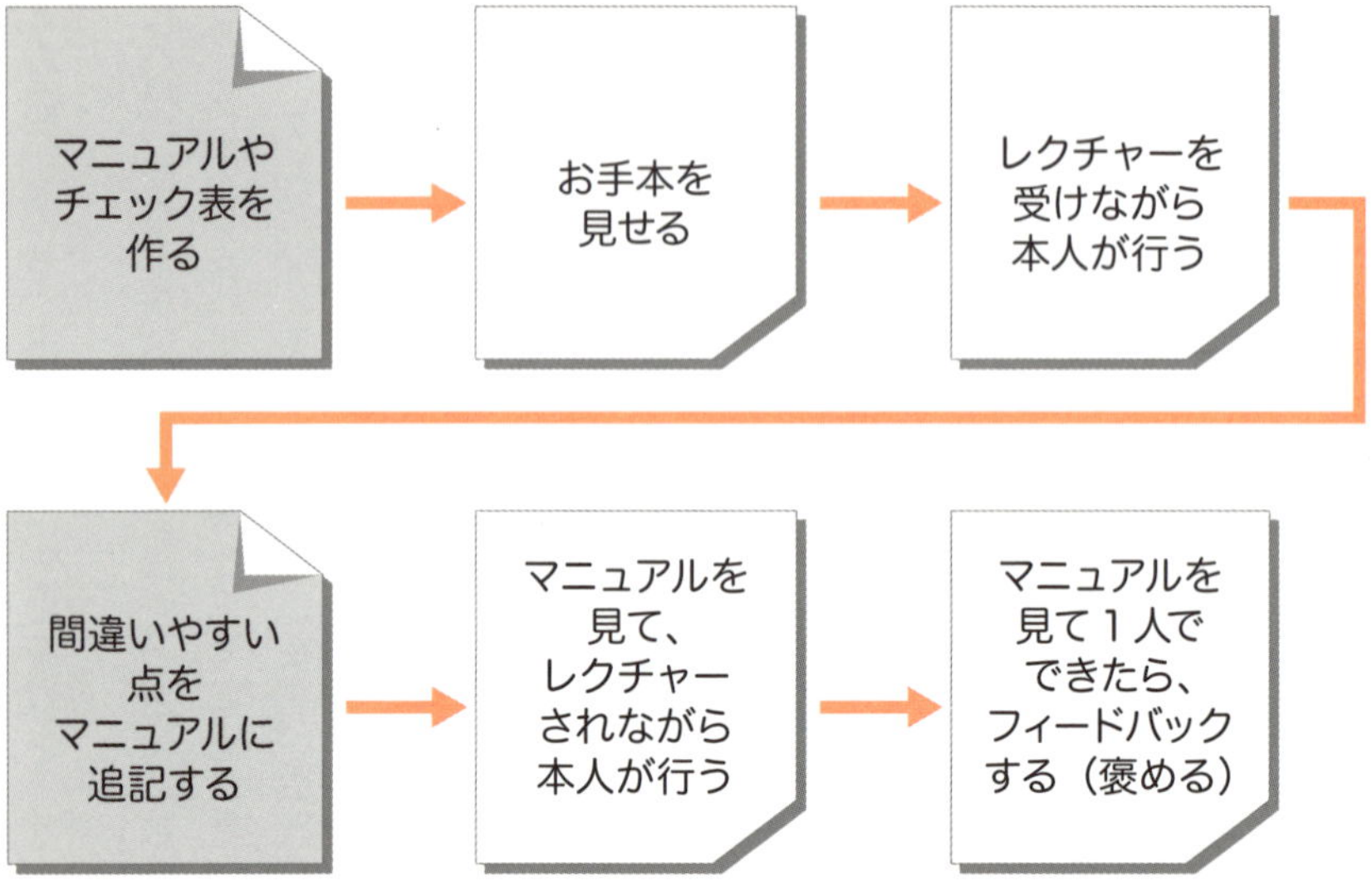

スケジュールの変更

●7月3日（火）作業スケジュール

時間の目安	作業内容
9:00～9:30	3F会議室の清掃
9:30～10:00	3F執務室の清掃
10:00～11:00	~~3Fトイレ清掃~~※7/3は3Fトイレが修理中なので、窓拭きを行ってください
11:00～11:30	4F会議室の清掃
11:30～12:00	4F執務室の清掃

予定が変わったスケジュールは消すのでなく、変更になった理由も書いておきましょう

第2章

3 教える時間がないときに自分で学んでもらうには？

障害のあるスタッフが、自分で学びやすくなるポイントをお伝えします。

なぜ自分で習得するのが難しいのか

事務系の仕事では、表計算ソフトや文章作成ソフトを使えるようになると業務の幅が広がります。

健常の新卒スタッフに「Ｅｘｃｅｌでチェック表を作っておいて」と指示をすれば、Ｅｘｃｅｌを使ったことがなくても、先輩に作り方のポイントを教わったり、「Ｅｘｃｅｌ　チェック表　作り方」などのキーワードでＷｅｂ検索をするなどして、なんとなく完成させることができます。

しかし、障害特性によっては、あいまいな指示だけでは、ツールやソフトを使うのが難しい場合があります。検索結果から必要なことを見つけられなかったり、少し教えてもらうだけでは、応用が難しいからです。

ステップを踏みながら教える

ポイントはステップを踏みながら教えていくことです。まずは、基本的な使い方を教えます。

しかし、教えた後にすぐ「新しい作業のチェック表をＥｘｃｅｌで作ってみて」では、ハードルが高すぎます。

最初に「誰かが作ったチェック表の一部だけを修正してみる」、次に「自分で同じチェック表を作ってみる」、最後に「新しい作業のチェック表を作ってみる」とステップを踏んでいくのです。

一つのツールを段階的に覚えると「他のツールも覚えられそう」という自信につながり、仕事の楽しさを知ります。サポート担当者としても、お願いできる業務範囲が増えます。

一人で教える時間がもてない場合は、週に1回1時間など時間を決め、複数人で分担して教えるのもいいでしょう。

ひとこと目は「いいね」で、工夫した努力を認める

障害のあるスタッフが新しいことを覚えるときに、自分の力で工夫したり、自分なりのやり方を見つけても、非効率なやり方だったり、間違っていることがあります。

すぐに間違いを訂正したりせず、まずは工夫したことを「いいね」と認めた後で、「こんなふうにやる方法もあるよ」と否定せずに伝えることで、モチベーションを下げずに学び続けることができます。

ツールの使い方を覚えるためのステップ例

誰かが作ったExcelのチェック表を修正してみる → Excelで同じチェック表を自分で作ってみる → Excelで新しい作業のチェック表を作ってみる

ツールを変えて

誰かが作ったWordのマニュアルを修正してみる → Wordで同じマニュアルを自分で作ってみる → Wordで新しい作業のマニュアルを作ってみる

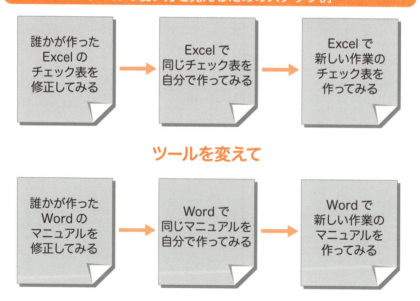

第2章

4 「次、何をやればいいですか？」を減らすには？

仕事が早く終わったスタッフから「何かやることありますか？」と聞かれることが負担になることも。聞かれることを減らす方法をお伝えします。

15分でできる仕事をストックしておく

障害のあるスタッフは、定常業務の空き時間に自分で仕事を見つけるのが難しいことがあります。一方、「時間が空いたのですが、何をやりましょうか？」と聞かれるサポート担当者も、急に仕事を探すのは大変です。

10分から20分程度の仕事を「時間が空いたら行う作業」として洗い出し、スケジュールを登録しておきます。空き時間が発生したら、スタッフが自分で確認して、順に作業すればよい状態をつくることができます。

◆「すぐにやる必要はないがやってあると嬉しい作業」をリストアップする

- シュレッダーのゴミを捨てゴミ袋を替える
- 領収書などへの押印
- 備品の在庫を数える
- 複合機への用紙補充
- 植木鉢への水やり　など

空き時間がなく、リストアップした作業ができない週もあるかもしれません。「いつでもいいけど、週に一度は必ずやってほしい」作業は、金曜日に必ず行う時間を設けておくとよいでしょう。

後回しにしがちな仕事をルーチン化する

後回しにしがちな仕事をルーチン化して、空き時間にやってもらう方法もあります。

フローレンスでは、キングジムのラベルプリンター「テプラ」を使っています。多くのスタッフにとって、テプラは年に数回使う程度で、使い慣れていない機械で1枚だけラベルシールを作る作業は効率が悪く、後回しにしがちです。

そこで、組織全体からテプラを作成する作業を集める「テプラ作成依頼シート」を作りました。依頼者はスプレッドシートに情報を入力するだけで、翌日には障害者雇用チームのテプラ作成担当者が作成し、納品する流れになっています。

ラベルプリンター本体に「テプラ依頼シート」の存在を周知することで、少しずつ社内の認知が進み、依頼も増えています。

◆テプラ作成依頼シートへの入力情報

- 依頼日、納品希望日
- 依頼者情報（部署名や名前など）
- 納品してもらいたい場所（部署の社内ポストなど）
- 入力してもらいたい文字
- テプラ情報（太さ、文字の大きさ、縦横、書体など）

よく使うものをストックしておく

「よく使うものをストックしておく」ことも、ちょっとした空き時間に行う作業としておすすめです。

たとえば、封筒に貼る「宛名ラベルを印刷してストックしておく」作業があります。

差出人としての部署の宛名ラベルや、高頻度で郵便物を送る先は宛名ラベルを作ってストックしておけば、郵送する際、手書きをせず宛名ラベルを貼るだけで済むためとても便利です。

テプラ作成依頼シート

作業	依頼日	納品期日	チーム名	フルネーム	納品場所	テプラに入力する文字	枚数	テプラ太さ	文字の大きさ	形状	書体	備考欄
記入例	2024/04/18	2024/4/24	法務総務	××××	部署ポスト	フローレンス	1	12mm	大	よこ	明朝体	
納品済	2024/04/18	2024/4/24	法務総務	××××	手渡し	フローレンス	20	12mm	特大	よこ	ゴシック	
納品済	2024/04/18	2024/4/24	法務総務	××××	部署ポスト	2024年度36協定	1	12mm	大	よこ	ゴシック	
納品済	2024/07/30	2024/07/31	法務総務	××××	手渡し	C	10	12mm	特大	よこ	ゴシック	中央揃え
納品済	2024/07/30	2024/07/31	法務総務	××××	手渡し	D	10	12mm	特大	よこ	ゴシック	中央揃え
納品済	2024/07/31	2024/08/01	経理	××××	部署ポスト	右に入れてください	1	12mm	大	よこ	明朝体	
納品済	2024/07/31	2024/08/01	経理	××××	部署ポスト	2024年資料	1	12mm	大	よこ	明朝体	
納品済	2024/08/01	2024/08/01	営業	××××	手渡し	作業モニター	1	12mm	大	よこ	ゴシック	
納品済	2024/08/01	2024/08/05	営業	××××	手渡し	8月資料	1	12mm	大	よこ	手書き	
	2024/08/08	いつでもOK	人事	××××	手渡し	扶養加入書類一式	1	6mm	小	たて	明朝体	
	2024/08/08	いつでもOK	人事	××××	手渡し	扶養控除等申告書	1	6mm	小	たて	明朝体	
	2024/08/08	いつでもOK	人事	××××	手渡し	2024年度	2	6mm	小	たて	明朝体	

第2章

5 チーム内でサポートを分散する方法

「サポートに時間をとられ、本来の業務をする時間がない」状態ではありませんか？　チーム内でサポートを分散する方法をお伝えします。

要配慮者であると同時に従業員

よかれと思い、先回りして配慮やサポートを行っていませんか？

障害のあるスタッフは、要配慮者であると同時に従業員です。誰もが常に配慮やサポートを必要としているわけではありません。必要な配慮や支援も変化していきます。常に多くのサポートがないと働けない状況は、職場定着ではありません。

サポート担当者を曜日で変える

一人でサポートをしていると、過剰な配慮をしてしまうことがあります。チームメンバーを巻き込み、サポートを分散させることで、障害のあるスタッフを客観的に見られるようになります。

たとえば、サポート担当者を曜日ごとに変更したり、メインのサポート担当者が定期的にオフィス不在日を設けることで、他の人を頼ってもらうようにするのもよいでしょう。

一人でできる仕組みを増やす

サポートの負荷がかかるのは、イレギュラーな出来事が発生したときです。プリンターであれば、紙詰まり、インクの取り替え、用紙の補充などです。インクがなくなったという報告を受けていちいち取り替えてあげるのではなく、インクの取り替え方が書いてあるマニュアルがプリンターの横にあれば、それを見て障害のあるスタッフは自分で解決できます。マニュアルを作成する手間はかかりますが、それもチームで分担して作成するとよいでしょう。

自分で考えることを教える

障害のあるスタッフが、少しずつ一人でできることを増やしていくことも大切です。環境やヒントは提供しつつ、自分で考えて答えや解決策を導きだせるように待ちます。「できる、できない」の間を行きつ戻りつしながら、考える楽しさを知ります。自分で解決する力がつくと、サポートも少なくなってきます。

サポートしてくれる人を見つける

サポートをしていると、思うようにいくことばかりではありません。どう指導したらよいのか、どうサポートしたらよいのか迷うときもあります。そんなときは人事チームや社外の相談機関などで自分をサポートしてくれる人を見つけます。

インク取り替えマニュアル

郵便計器のインク交換のやり方マニュアル

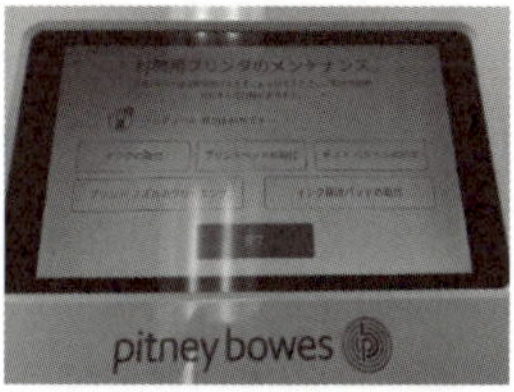

①「インクの取り付け」をタッチする

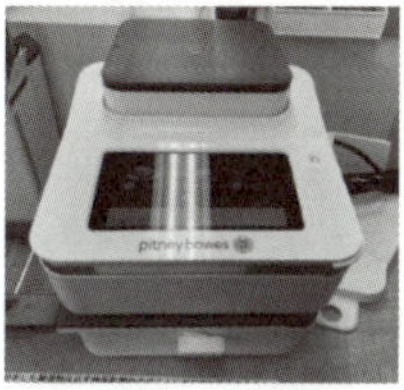
②郵便計器を開ける

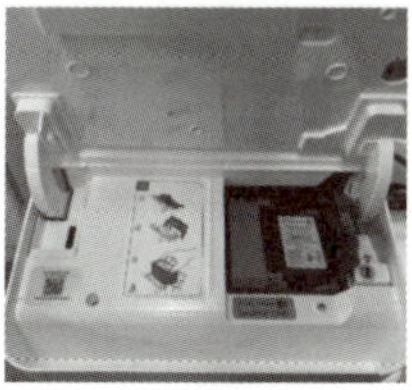
③インクを取り出す

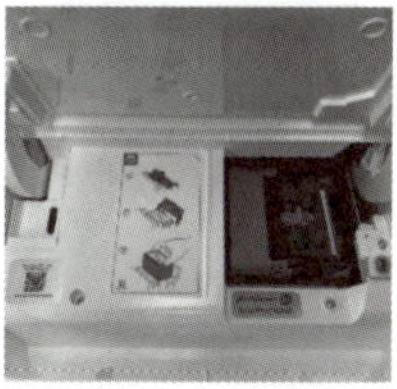
④新しいインクをセットする

第2章

6 チーム外や社外で頼る先を分散する

「サポートに時間をとられ、本来の業務をする時間がない」場合に、職場全体や社外でサポートを分散する方法をお伝えします。

職場全体でサポートする

障害のあるスタッフが所属するチームだけではサポートメンバーが足りない場合は、曜日や午前・午後などで仕事をする場所を変え、質問などもそれぞれの仕事を管轄している部署の人にすることで、**負荷を分散する**のがよいかもしれません。

たとえば、障害のあるスタッフの所属が総務チームだったとしても、経理の切り出し作業もしているのであれば、「火曜日の午前中は総務スタッフの隣の席で郵便仕分けなどを行い、午後は経理スタッフの隣の席で経費精算の金額チェック作業を行う」など、サポートの分散をします。

サポートをお願いする場合は、サポートの方法や障害特性からくる苦手なことなどを事前に伝えましょう。仕事もマニュアル化しておき、やり方が統一されるようにしましょう。

また、人事チームと連携をとったり、定期的に産業医面談を行うなど、サポート体制を職場全体に広げていきましょう。

外部の支援機関を頼る

障害のあるスタッフが入社し、業務が安定するまでは、支援機関などのサポートを受けることが可能です。

◆主な支援機関

- ハローワーク（公共職業安定所）
- 障害者就業・生活支援センター

- 職場適応援助者（東京ジョブコーチなど）

また、業務が安定した後でも、家族やプライベートでの悩みや課題があった場合に、仕事に影響が出ることがあります。障害のあるスタッフが職場でも家庭でもない第三者の頼る先、支援機関とつながっておくことは重要です。

フローレンスの障害者雇用でも、障害のあるスタッフが登録している支援機関の支援員と面談することを推奨しています。相談期間が空かないように**「支援機関面談シート」**を活用し、悩みがなくとも年に一度は支援員に「元気にやっています」と報告に行くことをすすめています。

支援機関面談シート

■支援機関面談シート

支援機関とは、障害のある人が仕事に関することや、生活に関することの両方を相談できる施設です。相談をすることで、仕事や生活の悩みを解決する手助けをしてもらえます。仕事上で悩みや相談があった場合に、みなさんから支援機関に相談し、必要があれば、支援機関からフローレンスに連絡をとってもらうことも可能です。オペレーションズでは、年に一度、登録した支援機関に近況報告や相談を行っていただくことを推奨しています。年に一度は、自分の支援機関に連絡をして、面談日を決めたら、シートに面談日を入力してください。

支援機関名		担当者名		電話番号	
面談日					
次回面談予定					

第2章

7 パニックへの対応方法が知りたい

障害特性によっては、なんらかの理由により感情や行動などの調整が難しくなり、混乱した「パニック状態」になることがあります。

なぜパニックになるの?

急なスケジュール変更や、突発的な依頼時にパニックになりやすい人がいます。

小さなパニックのときは、周りの人が今やるべきことを伝えたり、整理してあげることで落ち着きます。

大きなパニックのときは、なんらかの理由により昔のショックな出来事が鮮明によみがえり混乱している状態かもしれません。

「昔のことでしょ」「過去と現在を混同しないで」と伝えても、その境目がわからずにパニックになっているのです。

クールダウンの方法を見つけておく

パニックになっているときは、本人は何をどうしたらいいのかわからなくなっています。「落ち着いて」と、何度も言うのはかえってパニックをあおります。まずは、周囲が落ち着く必要があります。**本人が落ち着く場所でクールダウンできるまで、そっと見守ることが大切です。**

落ち着いた後に、日報などでパニックが起きたときの感情を書き出すと、問題も整理しやすいです。また、事前に本人と一緒にクールダウン方法もいくつか見つけておきましょう。

◆パニック時のクールダウン方法(例)

- 休憩スペースに行き、飲み物を飲み、落ち着い

たら仕事に戻る

- 落ち着ける単純作業などを用意しておき、10分ぐらい作業して仕事に戻る　など

注目がほしくてパニックになることも

周囲からの注目がほしくてパニックになっている場合もあります。パニックになることで、誰かが対応してくれることが報酬になっているのです。不安は他人を頼って処理するのではなく、自力で処理することを覚えるためにも、自分でクールダウンすることに集中します。

明るい雰囲気で受け止める

パニックがあると、本人も「またやってしまった」と後悔し、本人も周りも暗い雰囲気に包まれます。**パニックがあっても周りは平常心を保ち「大丈夫、問題ないよ」と、明るい雰囲気で受け止めましょう。**

自分や相手の「ステキ」を見つける

パニックが重なると「どうせ自分なんか…」と自己否定に引きずられることがあります。過去ではなく、今の本人のよい点を見つけて褒めることで、パニックを少なくしていきます。

フローレンスの障害者雇用チームの朝礼では、サポート担当者も含めて、週に一度は「誰かのステキなところ」を言うことを必須にしています。「誰か」はチームメンバーだけでなく、他部署でも、通りすがりの人でも「自分へのステキ」でもかまいません。

社会人になると、褒められるチャンスはなかなかありませんが、誰かを褒めることで、相手や相手の仕事を尊重し、自分が褒められることで、過去より今が重要であることを認め、パニックが少なくなってきますし、パニックがあったとしても、周りが受け入れられるようになります。

朝礼の流れ

①感情カードの発表（毎日全員発表する）

※「うれしい」「かなしい」など、今の気持ちに近いカードを取り、その気持ちになった出来事などを話す。

②◯◯さんのここがステキ！の発表（全員、週に一度は発表する）

※チームメンバーや他部署の方、自分や通りすがりの人に対して、「ステキだな！」と思ったことを話す。

③皆に伝えたいことや業務で困っていることの発表（言いたい人のみ）

「ステキ（ピカリ）」の投稿例

★ NEW ピカリが届いたよー

投稿者：フロレ花子

贈り先：フロレ太郎

▼あなたの見つけた「ピカリ」を教えてください

太郎さんが、備品の発注数を間違えていることに気がついて、そっと教えてくれました。

フローレンスの人事チームでは、職場全体で誰かの「ステキ！（ピカリと光っているところ）」を見つけたときに伝える仕組みを運営しています。

「誰かのステキ」を見つけた人がフォームに登録すると、ビジネスチャットで相手に通知が届く仕組みになっています。チームを超えて職場全体でよいところを見つける習慣が根付いています。

第2章

8 萎縮させない注意の方法とは？

「注意しただけで、萎縮させてしまった」と思うことはありませんか？ 萎縮させずに注意する方法をお伝えします。

「叱らない」がスタンダード

今は、学校現場でも「叱らない」がスタンダードになりつつあります。特別支援学校などでも、叱らずにポジティブな声がけで行動変容を促すアプローチを積極的に行っています。

叱る人は「叱らないと伝わらない」と思っており、「苦しまないと人は成長しない」という思考があります。「ごめんなさい、すぐやります」などの反省や謝罪をすぐに引き出せるから、叱ってしまうのです。

人の感情ばかりを受け取ってしまう

障害のある人によっては、過去の失敗や叱責された経験から自己評価が低くなっている場合があります。叱っている人や注意している人の感情ばかりを受け取ってしまい、指摘内容がわからなくなり、同じ間違いを繰り返してしまいがちです。

萎縮させない注意の方法とは？

ここでは、「萎縮させない」ための具体的な注意のポイントをお伝えします。

◆気持ちだけでも笑顔で伝える

注意をするときには、優しい口調で「伝える」ことが必要です。無表情で伝えると、怒っているように見えてしまいます。気持ちだけでも笑顔のつもりで伝えましょう。

◆視点を変えて伝える

注意をするときには「今気がつけてよかったよ、こういう書式だと間違いやすいかもしれないから、こう変更するね」など、言い方の視点を変えて伝えると「注意をされた」と受け取られずにすみます。

◆望ましい行動を褒める

望ましい行動があったら褒め、目標が達成できたら認めます。「できていないこと」を注意するのではなく「できていること」を認めて褒めることで、ネガティブな行動が減っていきます。

◆同じ失敗を繰り返す場合

同じ失敗を繰り返す場合は、その仕事のやり方や手順がその人に合っていないのかもしれません。やり方を変更する、チェック体制を増やすなど、その人に合う方法を工夫しましょう。

◆少しの指摘でもとても嫌がる人には

感情を含まない無機質な情報として伝えるとよい場合があります。横に座ってあくまでもさりげなく、冷静に独り言のようにつぶやきます。たとえば「あ、今日締切の提出書類があったんだった」というようにつぶやいて、本人に気がついてもらいます。

第2章

9

ミスをカバーし、減らす方法とは？

「ミスゼロへ」「ミス撲滅」など、ミスは必ずなくせると思っていませんか？ ミスがあっても無理なくカバーする方法をお伝えします。

ミスを見つけたり、リカバリーが苦手

自分のミスを見つけることが苦手で、ミスを見つけてもどのようにリカバリーしてよいのかわからなくなり、混乱する人がいます。「何でミスをしたの？」と追及されてもうまく説明できず、自信をなくしてしまう原因となります。

努力してできることは人それぞれ違う

「私や周りは努力している。あなたも頑張ればこれくらいできるはず」と無意識に相手に期待していませんか？「努力してできることは、人それぞれ違う」ということを意識しましょう。また、一度経験しても忘れてしまったり、記憶が書き換わってしまうことがあることを理解しておきましょう。

ミスをカバーする方法

◆チェック担当者を設ける

「一つできたら確認させてね」「半分できたところで見せにきてね」と伝え、後戻りが少ない段階でミスを見つけるようにします。

◆ミスを責めず、正しいやり方を優しく伝える

「ミスはあって当たり前」という気持ちで、ミスを責めず、正しいやり方を優しく伝えます。いつもよりミスが少ないときは、喜びつつも、プレッシャーをかけないように、期待は少なめにします。

◆「セルフチェックカード」を作る

ミスが起こりやすい箇所をピックアップし、カードにします。チェック担当者が見る前に、作業者自身がチェックできるようにします。

◆ひと声かける、何度かリマインドをする

「1か月前に、今日までに提出してほしいと言ったでしょう」と言うのではなく、2週間前、1週間前、前日など適宜にリマインドしたり、ひと声をかけます。「人は忘れるものだ」ということだけでも覚えておきましょう。

◆自分のミスを積極的にアピールする

「誰もがミスをすること」を体現するために、チェック担当者は自分のミスを周りにアピールし、笑いをとるぐらいな気持ちでいましょう。

セルフチェックカード

①「差出有効期間」が1か月前を切っていないか

②「訪問看護指示書依頼」のハンコが押してあるか

③「返信用封筒」が同封されているか

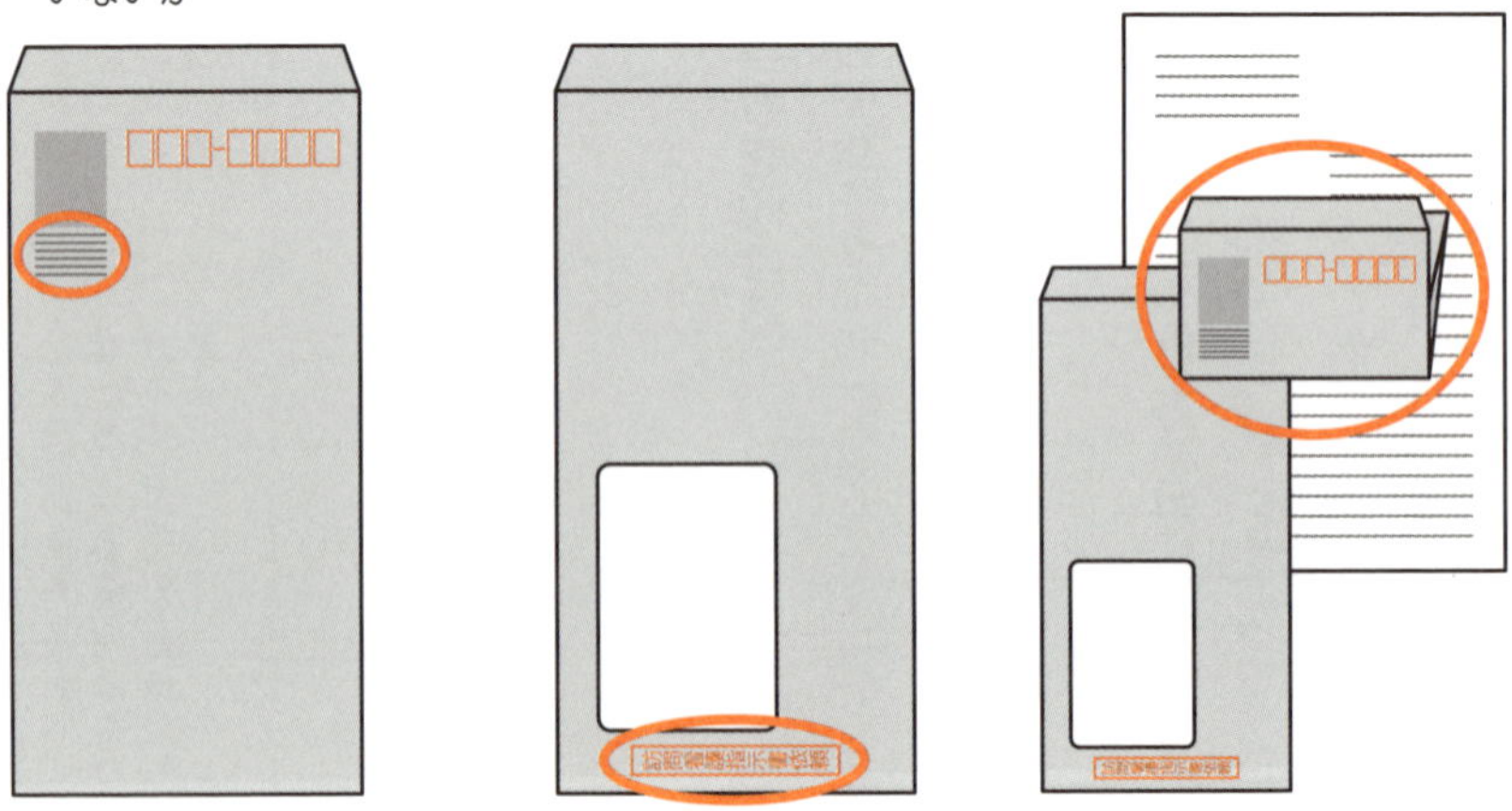

第2章

10

障害による「向いている仕事」「向いていない仕事」

「ASDは集中力があるからチェック作業が向いている」など、障害や診断名によって向いている仕事、向いていない仕事はあるのでしょうか。

「向いている仕事」を判断できる?

障害は一つの種類・特性だけが現れる人もいれば、重なって現れる人もいます。診断名は一つでも、ADHDとASDが重複していたり、知的障害とASDが重複している人もいます。

一つの種類や特性だけが現れる人は、書籍などで紹介されている内容に近い行動が見られるため「ASDは集中力があり、チェック作業に向いている」といえるかもしれませんが、障害特性が重複している場合は、その通りにはいきません。診断名だけでは「向いてる仕事、向いてない仕事」を判断するのは難しいといえるでしょう。

仕事は「努力しなくてもできること」

「障害がある場合は得意なことに集中したほうがいい」とよくいわれていますが、「得意なこと」とは何でしょうか。

人には、「努力しなくてもできること」「努力すればできること」「努力してもできないこと」があります。

無理をしがちな人には、得意なことは「努力しなくてもできること」にしておいたほうがよいでしょう。最初は努力で補えても、無理をして続けていると体調を崩してしまうことがあるからです。そして**「努力してもできないこと」はやらないようにします**。「努力しても困難があるから障害である」ことを忘れないようにしましょう。

職務能力に応じた目標設定を行う

障害のあるスタッフの目標設定は、スタッフが今どの段階にいるのかを確認しながら進めます（一例です。業務によって変わります）。

A：メンバーを取りまとめることができる
B：複数の職域の業務を行うことができる
C：特定の業務を行うことができる

CからBやAに段階が上がっていくスタッフもいれば、障害によってステップが上がらず留まるスタッフもいます。さらに段階を細分化します。

C：特定の業務を行うことができる
①メンバーの作業管理ができる
②教えることができる
③一人で完結できる

ここまできてから、目標を設定します。

「③1人で完結できる」の場合
↓作業数の目標、質の目標など

キャリア形成しやすい職場へ

フローレンスの人事チームでは、2022年に月給スタッフの種類を増やしました。それまでは「時給スタッフか、月給スタッフか」の2種類しかなく、障害のある時給スタッフが月給スタッフになるにはハードルが高い状態でした。

そこで「業務責任範囲が限定的だが、時給スタッフより責任範囲が広い、月給スタッフ枠」を設けることにより、チャレンジする機会を設け、スタッフ自身で「仕事に対してどうありたいか」を選択できるようになりました。

このように、**既存の雇用形態に合わせるのではなく、障害のあるスタッフのキャリアが形成しやすい人事制度に変更することは、障害者雇用には大切なことです。**

第2章

11 「周りや情報が気になって仕事ができない」のはなぜ？

障害特性によっては、視覚や聴覚などが敏感で、周りに音や動きがあると集中して仕事ができない人がいます。環境調整のポイントをお伝えします。

集中できる環境を整える工夫をしよう

職場には様々な音や情報があります。エアコンの音、外の工事の音、人の雑談、人の動き、派手な色の社内ポスターなど。当たり前のオフィス環境も、視覚や聴覚などが敏感なスタッフには、小さな音でも大きく感じるなど、集中できない環境です。対策グッズを使用したり、言葉かけに工夫をして、集中できる環境を整えてみましょう。

◆周りの人が席を立つだけで気になる場合

- デスクやデスクの周りにパーテーションなどを設置して、余計な情報が目に入らないようにする

◆周りの音が気になる場合

- 壁際など静かなところにデスクを移動する
- ヘッドフォン、イヤーマフ、耳せんなどをつけて、雑音をシャットアウトする

◆窓からの光が気になる場合

- 窓から離れたところにデスクを移動する
- 衝立などで光をシャットアウトする

集中を保つための工夫

◆言葉かけ

- 業務上の連絡にはたとえ話や冗談は挟まず「見積書を明日の15時までに佐藤さんにメールで送ってください」と指示だけを具体的に伝える

- 言葉ではなく、必要なときに情報を取りに行けるように、マニュアルなどを用意しておく

◆休憩・雑談

- 休憩できる静かな場所を準備する
- 雑談が苦手そうな場合、目的がわからない漠然とした話の状態が苦痛な場合もあるため、無理に雑談をしようとしない
- 雑談が好きな場合、雑談内容に気を取られてしまい仕事が進まなくなることがあるため、雑談の時間は休憩時のみと決めておき、業務中は業務連絡のみを行う

◆メールやビジネスチャットの設定

- 集中時にはメールやツールを閉じておき、2時間に1回など時間を決めて見るようにする。
- 自分宛てではない共有の情報はミュートに設定
- 発生ごとに情報を伝えるのではなく、「1日1回、15時に」など頻度と時間を決めて伝える

デスクにパーテーションを置く

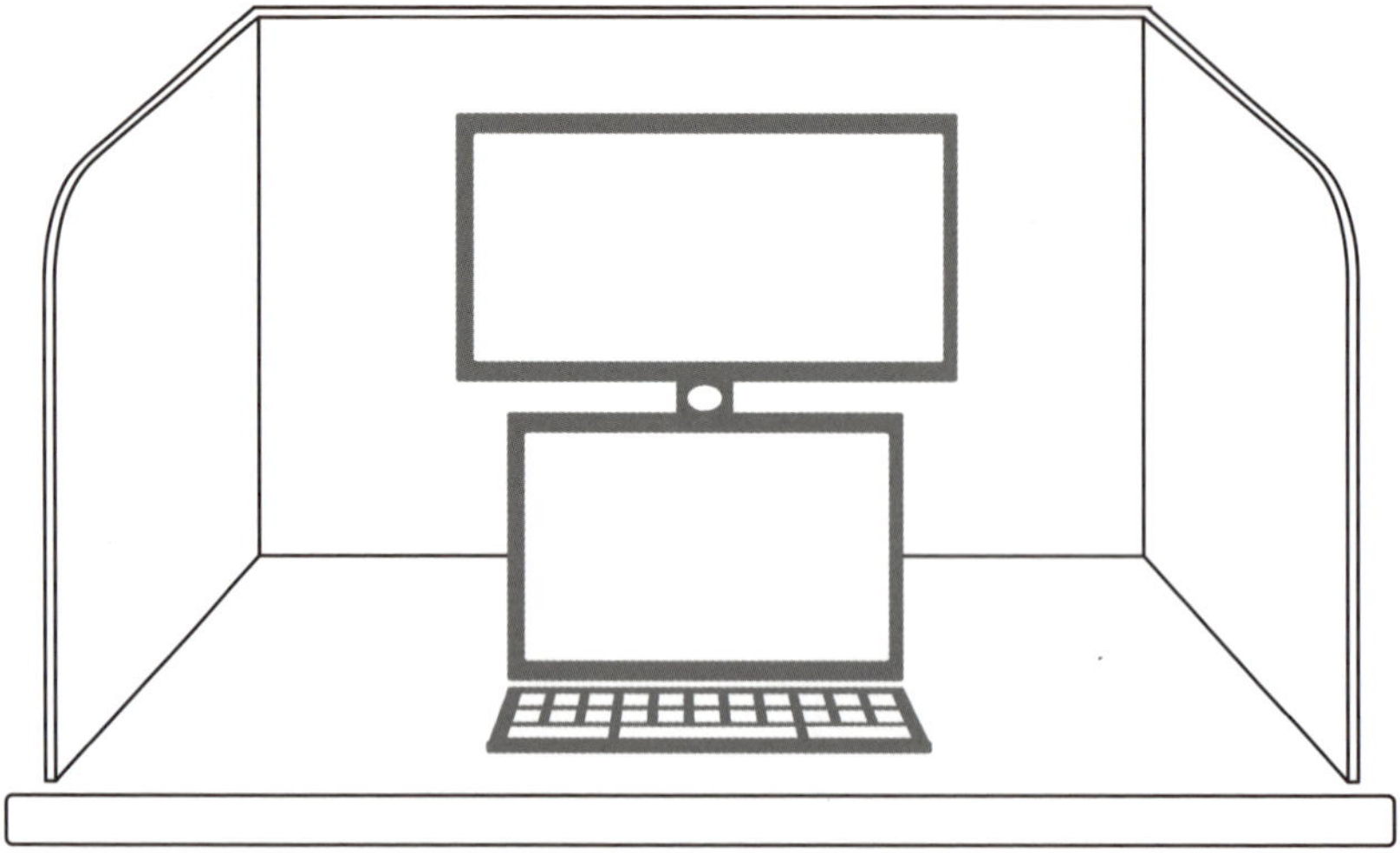

デスクにパーテーションを置き、余計な情報が入らないようにする

第2章

12 プライベートな相談にはどこまで立ち入るべき？

障害のあるスタッフから、家族のことや生活のトラブルについて相談されることがあります。プライベートの相談にどこまでのるべきでしょうか。

相談への助言はプロに任せる

障害があるとプライベートの問題が仕事に影響することも多く、プライベートな悩みを面談などで相談されることもあるかもしれません。そんなときは、障害のあるスタッフ自身が主治医や支援機関に相談できるようにアドバイスをしますが、**相談への助言はプロに任せたほうがよいです。**

プロに任せたほうがよい理由は二つあります。

一つめは、自分を客観視するのが難しい人は、外部の情報に振り回されやすかったり、社会に広く関心がもてないため、よかれと思ってアドバイスした内容が、誤解されて受け取られてトラブルとなることがあるからです。また、必要以上に頼りにされることで、サポート側の心理的な負担になることを防ぐためです。

二つめは、相談にのる善意のスタッフのフォローに頼っていると、その人が異動したりフォローから外れることになったときに、障害のあるスタッフが頼る先を失い、心理的ダメージを受けることがあるからです。

相談先の情報を提供をする

第2章6節で紹介した通り、フローレンスの障害者雇用では、少なくとも年に一度は支援機関の支援員と障害のあるスタッフが面談をすることを推奨しています。

悩みがなくとも年に一度は「元気です」と報告することでつながりを保ち、問題が起きたときに相談しやすい関係性を作っています。

その他にも、社会福祉協議会など、いくつかの相談先の候補を用意しておき、情報提供をしてもよいでしょう。

◆主な相談先

- 産業医、主治医
- 障害者就業・生活支援センター
- 社会福祉協議会

面談時のポイント

相談への助言はプロに任せたほうがよいですが、プライベートで悩みがあることを相談してもらえたり、知っておくことは、スタッフの状況を把握する上で大切なことです。

相談しやすい雰囲気を日頃から作っておき、面談は定期的に行い、リラックスした雰囲気で対応します。**月に一度1時間の面談時間を設けるより、週に1回15分程度で気軽に話ができるとよいです。**


誰かに相談できる力を「ソーシャルスキル」といいますが、ソーシャルスキルがあれば、次に何かが起きても人を頼って乗り切ったり、相談相手を探すことができるようになります。

面談でトラブルの例を伝えておく

障害があると、知らないうちにトラブルに巻き込まれていたり、未経験のことに衝撃を受けることが多いので、サポート担当者自身の「日常のトラブルや変化」を面談などで雑談として伝えておくと、相談のしやすさにつながるかもしれません。

また、面談の内容はメモなどに残しておき、チームメンバーで共有すると、みんなでフォローすることできます（事前にチーム内で共有することを本人に伝えて承諾をもらう必要があります）。

相談の助言はしませんが、相談先へつながるような「考え方の整理」はしてもよいでしょう。

第2章

13 仕事に慣れたら新しい仕事をすすめてもよい？

障害のあるスタッフが仕事に慣れてくると「他の仕事を任せてみたい」と思うことはありませんか？新しい仕事のすすめ方についてお伝えします。

仕事ができるからといって、お願いしすぎてしまうと、やらされ感や納期の圧力がかかり、障害者雇用の意味を見失います。障害があってもストレスなく働き続けられるようにすることを第一にします。

「努力しなくてもできること」を極める

健常のスタッフであれば、「顧客対応もできるようになる」「マルチタスクができるようになる」などのステップアップを考えがちですが、障害特性上の苦手な部分があるスタッフの場合は、**平均値に近づけるよりも「努力しなくてもできること」を極めていく形がステップアップの可能性を高めます。**

たとえば、「対面での顧客対応は難しいが、メールや電話などでの顧客対応はできそう」ということ

ストレスなく業務を続けることを優先に

知的障害のスタッフであれば、知的機能が平均的な人に比べれば低く、どこかの段階で平均に追いつくわけではありません。また、何かができるようになるのもゆっくりなことが多く、できるようになったからと、急に仕事を増やされたり、変えられると、ストレスに感じる場合があります。

まずは、ストレスなく業務を続けることを優先にします。新しい仕事に挑戦してもらうのは、ゆっくり行いましょう。また「これができないのだから、これも苦手だろう」と勝手に決めつけず、「難しかったら元の業務に戻れるから、一度やってみる？」と心理的負担を軽くしながら、新しい仕事にトライしてみることも大切です。

であれば、メールや電話専門の顧客対応担当として業務ができないか探ってみるなどです。障害のあるスタッフが得意とする業務を、他のメンバーから集めて一括で行うなどもよいかもしれません。

キャリアプラン表から方向性を見つける

キャリアアップをしたいのか、現状維持でいきたいのかは、障害のある本人にとっても、答えを見つけるのが難しい場合があります。面談で「キャリアアップしたいですか？」と聞かれれば、多くの人は「したい」と答えるかもしれませんが、「キャリアアップ」の程度は人によって様々です。

フローレンスの障害者雇用では「将来、どう仕事や生活をしていきたいのか」を知るために、下図のような「ライフプラン・キャリアプラン表」を1年に1回、更新しています。

「生活の夢」と「仕事の夢」を制限なく書いてもらうことで、本人の方向性のようなものを見つけて、話し合っていきます。

ライフプランとキャリアプランを考えてみよう

年齢	ライフ＆キャリアプラン
22歳	ピアノのコンクールで3位入賞
23歳	1人で国内旅行 イベントのボランティアにたくさん参加する
26歳	後輩の仕事の指導をできるようになる
28歳	新しい趣味を見つける
30歳	他の部署の仕事に挑戦
35歳	ソロコンサートを開く
40歳	海外旅行に挑戦
45歳	仕事のリーダーになる
50歳	一人暮らしをする

第2章

14 非常識に見えてしまう場合は職場のルールを研修で伝えよう

障害特性によっては、悪気がなく、一般的とされることを知らなかったり、必要性を感じなかったりすることがあります。

報・連・相ができない人は非常識？

「報・連・相ができない人は非常識」と思う人は多いかもしれませんが、周りが報・連・相をしているのを見て、必要そうだからなんとなくしているという人も多いのではないでしょうか。

障害特性によっては、言われたことを忠実に行うことはできるけれども、指示されたこと以外はできない、もしくはやらない人がいます。

◆ケース1「指示された仕事が終わったときに、終了の報告をしない」

自分が行った仕事は相手もわかっているものと考えてしまい、報告はしなくてよいと自己判断している場合があります。

◆対応策

報・連・相が必要であるという認識をしていないので、「報・連・相が必要な理由」「報告・連絡・相談のタイミング」を説明して、依頼することから始めます。

- マニュアルや手順書に報告のステップを設ける
- 依頼時に「作業が終わったら確認をしたいので、報告をしてください」と伝える
- 報告がなかった場合に声をかけて、報告を習慣づける

◆ケース2「周りが忙しそうにしているのに、先に帰ってしまう」

気を利かせてやる、先回りしてやることが苦手な

のかもしれません。指示されたことは忠実に行えばよい、踏み込んでやることはないと思っている場合があります。

◆対応策

- 「早めに自分の仕事が終わったら他の人を手伝ってほしいので、報告をしてください」と事前に伝えておく
- 自分の仕事が早く終わったときにやることをリストアップしておいてもらう

◆ケース3「机の上が散らかっているのに、片付けようとしない」

- 散らかっていることに気がつかない。片付けてと言われていないから、やらないだけの場合があります。

◆対応策

- マニュアルや手順書に「片付け」のステップを設ける
- 机の上のものを少なくし、業務終了時に「机の上を片付ける」という時間を設ける

「常識」は「見える化」して、研修でチーム全員に伝える

挨拶をしてほしいときに「礼儀正しく挨拶して」と言っても伝わりません。具体的にどのような挨拶や感謝の言葉が必要かは、職場のカルチャーにもよりますが、このように決めておきます。

- 最低限の挨拶は「おはようございます」「お疲れ様です」「お先に失礼します」「ありがとうございます」「よろしくお願いします」
- 社内の人とすれ違うときは、軽く頭をさげる

「非常識だ」と思う範囲は人それぞれ違います。チームメンバー全員が「このチームの最低限の挨拶はこれで、これができていれば常識の範囲内なん

だ」と理解しておくことで、障害のある人を必要以上に「非常識だな」と思うことを少なくします。チーム全員が集まる研修の場などで、この認識を統一しておくのがよいでしょう。

フローレンスの障害者雇用チームでは、週に一度、1時間の研修時間を設けています。下図は「実習生に仕事を教える方法」を研修テーマにしたときの内容です。研修として全員に周知することで「教えるときの基準」が生まれ、迷うことなく教えることができるようになりました。

「確認漏れをなくす」時間にする

研修内容がない週にも「確認漏れをなくす時間」として研修時間を使っています。

「社内イベントの出欠確認」など、職場には全スタッフに実施してほしいことが、バックオフィスなどから多く発信されます。しかし、障害があると情報に気がつけなかったり、一人で理解して対応するのが難しい場合があります。

研修例「実習生に仕事を教える方法」の手順

■研修テーマ「実習生に仕事を教える方法」

①挨拶を教える→始める前に「よろしくお願いします」
②目的を伝える、なぜその業務をするのか
③マニュアルの場所を伝える→ネットで見られない時は印刷をして渡す
④作業手順を教える
- まずは、自分が見本を見せてやり方を教えてあげる→ゆっくりめに意識して教える
- 次は見本通りにやってもらう
- できていないことがあった場合は、自分が見本を見せてやり方を教える
- 何回か丁寧に教える
- 専門用語、難しい言葉は使わない、簡単な言葉で教えてあげる
- 「いいね」など、褒める

⑤作業が終わったら、報告をすることを教える
- 上司にチェックをお願いした後は「ありがとうございます」と言うことを伝える
- 相手を萎縮させないようなフィードバックをする（今後の改善提案が必要）→その場でやり直しなどは伝える

●2回目以降のレクチャーの方法
- 「わからなかったら教えて」と伝えて、はじめからやってもらう（そばで離れずに近くで見守る）
- 「具体的にどこがわからないか教えて」と伝える
- 優しい口調で教える
- わからない場合は、自分で思い出せる方法「マニュアルを見たら？」などと伝える
- わからない場合は、郵便仕分けであれば「まずは郵便をとりにいくんじゃない？」などと伝える

たとえば、「パソコンのアップデート」「視聴してほしい全社向けの動画研修」「健康診断の申し込み」などをスタッフ同士でやり方を教え合います。サポート担当者の負担軽減にもつながります。

◆「確認漏れをなくす」時間の使い方

- 社内ルールが変わったときに変更点を伝える
- 新しいビジネスツールの使い方の練習をする
- 月末週は、勤怠や交通費申請などのチェックをする
- 人事評価の時期には、自己評価を書く
- 乱れがちなルールの再確認をする

研修コンテンツを使う

コンプライアンスの意識を身につけてもらうための研修には、外部の研修コンテンツなどを利用するとよいでしょう。

たとえば、SNSトラブル防止のために、独立行政法人情報処理推進機構が出している研修映像コンテンツは、SNSを利用する上での対策をドラマや図表を用いてわかりやすく解説しています。

『あなたの書き込みは世界中から見られてる―適切なSNS利用の心得―』（約11分）

https://www.ipa.go.jp/security/videos/download.html

第2章

15 他人との適切な距離感を持たせたい

「もう少し距離をおいてほしい」あるいは逆に「距離を縮めてほしい」と感じることはありませんか？他者との距離を上手くつかめないのも特性の一つです。

仕事上での適度な距離感を伝える

障害特性により、相手の気持ちを想像したり読み取ることが難しい場合は、他者との適度な距離感がわからず「近すぎたり、遠すぎたり」することがあります。

たとえば、適度な距離感を身につけていれば、関係性ができていない初対面の人を家に誘うことはまりありませんが、適度な距離感がわからない場合は、初対面で家に誘ってしまうので、相手は驚いてしまうのです。

◆ 距離感が近すぎる理由

- 相手の気持ちを想像したり、読み取ることが苦手で近づいてしまう

- 親しくなりたいから、一気に距離をつめてしまう
- 表情から感情を読み取れず、意識せずに失礼なことを言ってしまう
- 自分のことを知ってもらおうと、言動が一方的になってしまう

◆ 仕事上の対策

- 「机一つ分を開けて会話をしましょう」など、適切な距離感を伝える
- 近いときは「少し近いので、あと1歩離れてくれますか？」と具体的にお願いする
- 雑談は「午前と午後の業務開始5分前」と決めておき、それ以外は業務連絡のみの会話にする
- 声をかけるときは「今、声をかけていいです

か?」と聞いて、相手の返事を待ってから話を始めてほしいことを伝える

- 話しかけられたときに話せない場合は「今、手が離せないので5分後ぐらいに、こちらから声をかけますね」など具体的に伝える
- 質問はメモをしておき、まとめて聞くように伝える
- 質問が多い場合でも自覚しているわけではないこともあるので「今日は質問が○回ありました。緊急でない質問はまとめて聞きましょう」と伝える
- その場にそぐわない発言が時々あっても、話を切り替えたり、場所を変えたりして、必要以上に本人を責めない

◆**距離が遠すぎる理由**

- 対人関係を持つ必要性を感じていない
- ちょっとした言葉を攻撃と感じることがあるので、距離を持ちたい
- 人の反応が怖くて、言葉や行動で表現できない

◆**仕事上の対策**

- 社交的なノリを求めない。雑談は無理してしない。挨拶ができれば問題なしとする
- 一人で完結できる無理のない仕事を準備する
- 仕事でミスがあった場合は、まず「ミスを報告してくれて、ありがとう」と伝える
- 気持ちを聞きたいときは、聞く姿勢に徹する
- 始業後の5分・終業前の5分で業務予定や振り返りを行い、報告習慣をつける
- 伝えたいことがある場合は、相手が納得のできる理由を丁寧に説明する
- 「今、声をかけていいですか?」と聞いて、相手の返事を待ってから話しはじめる
- 注意する場合はマイナス表現で伝えない(例:片付けが時間内に終わらないときに「時間を守って」ではなく「10分前ぐらいから片付けをはじめるとよいかも」と伝える)

第2章

16 サポートに対して感謝がないのはなぜ？

「フォローに対して感謝の気持ちが感じられない」と不満を感じることはありませんか？ それはコミュニケーション障害が原因かもしれません。

挨拶や感謝も仕事の一部であると伝える

「おはようございます」の挨拶や「ありがとうございます」の感謝の言葉は、あって当たり前だと多くの人が日常的に使っています。しかし、業務を淡々と進める会社では「おはようございます」が、逆に「うるさいな」と思われます。「ありがとう」を言う文化がなくても、雰囲気のよい職場もあります。挨拶や感謝をしないことが非常識というわけでもないのです。

会話に困難が生じるコミュニケーション障害のある人は、挨拶や感謝を言う必要を感じていなかったり、言うことに必要以上にハードルを感じてしまうことがあります。

サポート側としては「ありがとうの一言があれば報われるのに…」と感謝を求めていても、サポートされている側は「サポートされている」と思っていない場合もあります。

そんなときでも「挨拶や感謝で社内の雰囲気がよくなり、仕事を進めやすくなる」ことを説明すれば、理解をして、挨拶や感謝の言葉が増えてくるかもしれません。

研修などの形でチーム全体に伝えることで「この職場での最低限の挨拶や感謝は、何であるか」を、チームの共通認識で持つとよいでしょう。

「過剰な挨拶や感謝」はしなくてもOK

「過剰な挨拶や感謝」が社内で「暗黙のルール」となっていることもあります。たとえば、有給休暇などをとった翌日に「お休みを頂戴してありがとうございました」と言うことがマナーとされている職場もあります。休んだだけで同僚に感謝するのは過剰と感じる人もいるでしょう。

最低限の挨拶は身につけられても、職場に多く張り巡らされた「過剰な挨拶や感謝」まで理解するのは難しい場合が多いでしょう。「空気が読めない」と判断するのではなく、最低限のマナーを明文化することで、障害があってもわかりやすい職場を目指します。

サポートをしている意識を薄め、ウィンウィンで働く

相手によって態度や言葉を変えたほうが上手く進むと思えず、考えたことをそのまま発言して、相手に「ちょっと失礼だな」と思われる人もいます。

また、他人に合わせようという発想がなく、自分の関心を優先する傾向がある人がいます。どちらも、純粋に自分の意見や、やり方が正しいと信じているだけで、自分の意見を押し通そうと考えているわけでも、わがままを言っているわけでもありません。

サポートするときに大切なのは、障害のある人を変えようとしないことです。サポートの負荷が高いのであれば、複数人でサポートを分散することも一つの手です。サポートするだけでなく、相手が無理なく行える作業を自分の代わりにやってもらうことで、サポートをしている意識を薄め、ウィンウィンな気持ちで働きましょう。

第2章

17 居眠りやボーッとしているときの対策は？

仕事中に居眠りをしたり、ボーッとしていると「仕事のやる気がないのでは？」と受け取るかもしれません。しかし、睡眠障害でそういう症状が現れてしまう人がいます。

なぜ、仕事中に居眠りをしてしまうの？

障害によっては、睡眠障害を併存していたり、睡眠障害ではなくても日中に強い眠気を感じる人がいます。また、興味のあることに集中する特性から、夜寝るのが遅くなったり、集中しすぎて疲れが出て、興味の薄い仕事中に眠気を感じやすくなったりします。

基本は、睡眠環境や睡眠リズムを整えることが大切ですが、それでも解決せず、仕事に支障が出てしまう場合は、医療機関への相談を促すとよいでしょう。

◆仕事上の対策

- 会議やミーティングを30分など短めに設定する
- 30分に1回、その場で軽く背伸びをする。1時間に1回は、トイレや飲み物を取りに席を立つ
- 眠気が強くなる昼食後には、本人が得意とする仕事や、動きのある仕事を設定する。眠気の少ない午前中には、あまり興味が持てない仕事を設定する
- 眠ってしまった後は、10分程度、別の仕事をして気持ちを切り替えてから元の仕事に戻る。

様々な対策をしても、時々寝てしまうことはあります。寝ていることを過剰に問題視するのではなく、肩をトントンしてそっと起こしたりするのもよいでしょう。

ボーッとしている、次の行動が遅い、やる気がなく見える

自分の気持ちや意見を言葉で表現することが難しかったり、受け取る情報量が多すぎて、うまく言葉にまとめられないことで、話し出すことや行動することが遅くなる人がいます。

話しかけられたときに「なんて答えよう…これがあれで、こうなって…」と頭の中で考えを必死でまとめている姿が、周りからは「話を聞いていない」ように見えることがあります。また、「次、何をしたらいいのかな…これはやったから、これもやったから…」と、考えている姿が、周りからは「ボーッとしている」ように見えてしまうのです。

◆仕事上の対策

- 答えが出るまで待つ
- 答えやすいように、いくつかの選択肢を用意してから聞く
- スケジュールを細かく設定する。マニュアルを用意しておき、次に何をやらなければいけないのか、わかるようにしておく
- 雑談が苦手な相手には、休憩やお昼などの時間以外は、不意打ちな雑談での声がけは控える

費用対効果や時間対効果が求められる現代。話すテンポもせかせかしていないでしょうか。ゆっくり話すことや、ゆっくり落ち着いて行動することは悪いことではないことを忘れないでいましょう。

何度も同じことを聞かれる、覚えたことができなくなった

障害によっては、やり方やルールを覚えるのに時間がかかったり、自分で判断するのが苦手で何度も同じことを聞いてしまうことがあります。また、毎日のように行っていることでも忘れてしまったり、忘れ物が多かったり、周りからは努力が足りないと思われてしまうことがあります。

◆仕事上の対策

- やることを忘れてしまう場合は、一人では思い出すことが難しいので、作業予定を誰かと一緒に読み上げたり、業務終了後に作業していないものがないか、誰かと読み合わせをする
- 口頭で伝えつつ「メールでも内容を送っておいたから、後で見てね」と伝えて、忘れても見ればわかるようにしておく
- やり方を覚えるのに時間がかかる場合は、仕事内容が本人の容量を超えているかもしれないため、平均的なやり方で教えようとせず、2～3の段階に分けてレクチャーすると、達成感もあり覚えやすくなる
- 何度も同じことを聞かれるのは、答えは知っているけれど、聞くことで安心している可能性があるため、本人が知っていそうなことは、聞かれても「自分ではどう思いますか？」と聞いて「聞かなくても大丈夫なんだ」と自信を持ってもらう

業務中に眠気を少なくするための工夫

時間帯	工夫
出社してから2時間	集中できる時間帯。集中力がいる仕事を組む
5分休憩	1時間に1回は、アラームを鳴らし5分休憩を取り、背伸びなどをする
昼休憩	昼食後は15分程度の昼寝をしたり、近くを散歩して、頭をスッキリさせる
昼休憩から2時間	昼休憩後は眠くなるため、体をこまめに動かす仕事を組む
15時休憩	15分程度の休憩時間を取り、夕方の仕事に向けて意欲を高める

第2章

18 プライベートで問題がありそうなときの対応

プライベートに問題があれば、仕事に影響が出ます。仕事の様子で「ちょっとおかしい」と思ったときの対応方法をお伝えします。

支援機関に連絡する

第2章11節では、「プライベートの悩みごとの助言はプロに任せたほうがよい」とお伝えしました。

仕事中に「いつもは普通にできていたことができなくなった」「いつもと違う行動をしたとき」は、プライベートで何か問題が起きていて、仕事に影響が出ているのかもしれません。プロ（支援機関など）に相談するタイミングです。支援機関の人に職場に来てもらったり、本人が支援機関に行き、体調やプライベートでの変化、仕事上での課題などを相談します。その後は、会社と本人の間に支援機関が入り、情報共有と連携をしていきます。

「突然の休みもOK」なチームにする

「ストレスで体調を崩したぐらいでは休めない」と思っている人も多いですが、障害があると「ストレス自体を自覚できない、ストレスで体調を崩したことに気がつけない」人も多くいます。あなたのチームは、有給休暇を取りやすいですか？　障害によっては突発的なことに弱く、大きくストレスとなり、それを受け入れるまでに時間がかかります。

そんなときに半日か1日、仕事をせず体を休めることで、気持ちが回復することがあります。ぜひ、あなたが率先して「急な有給休暇」を取り、「急に休んでもいいんだ」と思ってもらえるような、休みやすいチームの雰囲気を作ってみてください。

勤務形態や職務内容を見直す

最近では、障害があっても、週5日8時間勤務などのフルタイムで働いている人も増えてきています。

障害のあるなしにかかわらず、プライベートの状況や、加齢に伴う職業能力の変化により、現状の勤務時間では疲れが取れなくなることはありますが、障害があると体調やメンタル面に大きく影響が出ます。

その場合は、支援機関や産業医に相談した上で、体調が戻るまでは勤務日や勤務時間を一時的に短くしたり、職務内容を変えずに少し負荷を減らしたりすると、負荷が減りよい状態に進むこともあります。

通院しやすい雰囲気を作る

発達障害がある場合、うつや不安障害などの精神疾患などが「**二次障害**[*1]」として発症し、それがプライベートや仕事に影響することがあります。

本人が定期的に通院している場合は、主治医に体調の変化などを相談することを促すとよいです。普段はクリニックに通院せず、障害者手帳の更新のみで通院している場合は、人事担当や産業医と本人が面談をし、そこで受診を促してもらうのもよいかもしれません。

＊1　二次障害とは、発達障害に伴って発生する精神障害などの二次的な問題のこと。
発達障害には、併存しやすい病気や症状がいくつかあり、うつや不安障害などの精神疾患を発症しやすいといわれていますが、発達障害がある人に必ず起こるというわけではありません。また、二次障害は医学的な専門用語ではないため、診断書に記載されるような病名ではありません。

Column 発達障害を知るためのおすすめ本

発達障害を知るには当事者が書いた本を読むのが近道です。おすすめの本を紹介します。

●『凸凹あるかな？わたし、発達障害と生きてきました』

細川 貂々・著、山登 敬之・監修／平凡社

著者は発達障害の当事者です。発達障害の人が学校や職場で孤立するのはなぜなのか、どのような困りごとを抱えて生活しているのか、どんな生きづらさがあるのかを4コマ漫画で紹介しています。

人とは違った見え方や感じ方をする発達障害の人が、特性による困りごとにどう付き合い、働いていくとよいのか。発達障害の人のサポートを開始する前に読むと、発達障害への理解が深まります。

●『発達障害サバイバルガイド』

借金玉・著／ダイヤモンド社

著者は「ADHD／注意欠如・多動症」と診断された当事者です。著者が編み出した家事の方法や睡眠の方法、家での過ごし方など、生活環境や生活習慣をうまく回すコツが書かれています。

障害のあるスタッフがどのように環境を整えれば動きやすくなるのかを知り、仕事のやり方や手順にも応用させることでサポートがしやすくなります。

●『「能力」の生きづらさをほぐす』

勅使川原 真衣・著／どく社

これは発達障害の本ではありませんが、障害のあるスタッフのサポートをしている方には、ぜひ読んでいただきたい本です。

健常のスタッフにも得意不得意がありますが、障害のあるスタッフには、得意不得意にプラスして特性もあります。平均化した「能力」という基準に合わせるのではなく、個々人の得意不得意や特性を組み合わせて、サポートしたり評価していく必要があるのだと考えさせられる1冊です。

第 3 章

業務の切り出しとマッチング

障害のあるスタッフ向けの業務切り出しは、事業所にとって大きな課題の一つです。「この業務は障害のある人にはできない」という思い込みを外して、「どのように工夫したら、彼らにこの仕事を任せることができるか」と、考えることができるようになるために、工夫のためのポイントを押さえておきましょう。

第3章

1 障害者にとって適切な業務とは

障害特性に合わせた「工夫」によって、任せることのできる業務は増えていきます。まずは、「障害のある人の業務は限定的」というバイアスを外しましょう。

自分自身のバイアスに気づこう

厚生労働省が発表している令和5年度「障害者雇用実態調査結果」によると、障害者を雇用するにあたっての課題の第1位は「会社内に適当な仕事があるか」で、いずれの障害種別においても75%前後となっています。

実際、障害者雇用に携わると、特に最初のうちは、「障害のあるスタッフに任せられる仕事がない」と悩むことが多いようです。

一人で悩んでいても答えは見つかりません。どうすればいいかわからなくなったら、先行して障害者雇用に取り組んでいる企業の見学をしてみましょう。そこには様々な業務を自律的に進める、障害のあるスタッフみなさんの姿があります。

「障害者に任せる仕事がない」というのは、単なる自分の思い込みだということにきっと気づかされるでしょう。

◆業務の例

- 研究現場での数値チェックと記録
- 営業のための情報収集
- 経理業務の補助作業
- パソコンの初期化や初期設定作業
- 精密機器の分解清掃から再組み立て

不得意は工夫でカバーできる

障害のあるなしにかかわらず、誰にでも得手不得手はあって、不得手なことは何らかの工夫によって補っています。

たとえば、私たちが四肢に障害のある人に仕事を任せようと考えたときに、パソコン業務は難しいだろうと考えてしまいます。しかし実際には、タブレット用のタッチペンを口にくわえて自在に操り、スピーディーに入力作業をこなせる人もいます。その力を活かすために必要なのは、タブレット上でパソコンと同様に機能するソフトウェアや、作業に適した高さのデスクなどの準備になるでしょう。

事前の面談をしっかり行うことで、「これならできる」「こうすればできる」といった可能性が見えてきます。

必要なのは、不得手と決めつけてしまう前に、補う工夫をした上で得手を見出すことです。

今、目の前にある業務をそのまま任せるのは難しいかもしれません。しかし、諦めてしまう前に「配慮や工夫があれば任せることができるのではないか」と、発想を変えてみることが大切なのではないでしょうか。

雇用するにあたっての課題の有無別事業所数の割合（複数回答）

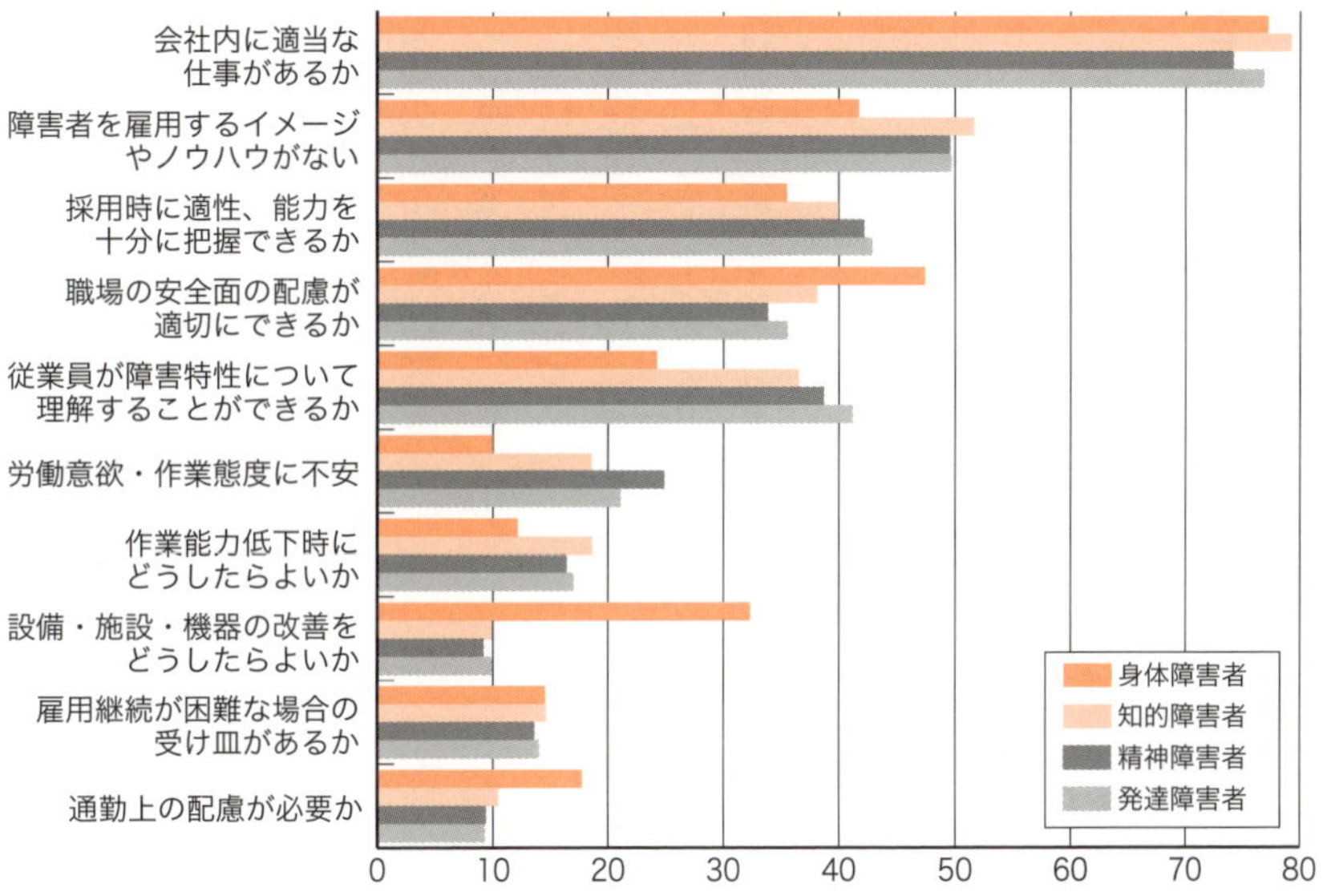

出典：厚生労働省「令和5年度障害者雇用実態調査」から一部抜粋

第3章

2 特性を知ってから業務を考えよう

障害のあるスタッフに任せることのできる仕事を考える前に、その特性を理解して、業務の手順から彼らの「苦手」を取り除く準備をしましょう。

見えないものを想像することが苦手

知的障害や発達障害のある人と一緒に仕事をしていると、「見えていないのかな」と感じることがあります。

この「見えない」は、視覚の機能のことではなく、先がイメージできるかどうか、見通しを立てられるかどうか、ということです。彼らに任せる業務を考えるときに、業務の手順から、この「見通しを立てる」工程を外すことが難しいと感じて、「適当な仕事がない」と悩んでしまうのではないでしょうか。

障害のあるスタッフと仕事をする中で、「苦手そう」と感じられることをあげてみましょう。

- 「暗黙のルール」の理解
- 先の見通しを立てること
- 優先順位を付けること
- 全体を把握すること
- 新しいことやいつもと違うことへの対応
- 同時並行で行うこと（マルチタスク）

「判断」や「意思決定」も、想像した仮説の上に成り立つものであるため、苦手なこととなります。

その他の特性と対応

◆発達性協調運動症

手や足、視覚を協調させて動かすことを苦手とする特性です。

発達性協調運動症では、折り紙やハサミの使用などの手先を使うことが苦手な場合と、姿勢を保ち続けることが苦手な場合があります。

訓練での改善は難しいため、仕上がりの丁寧さを求められる作業は任せないほうが、本人の負担も少ないでしょう。また「刃物を用いる」「物を運ぶ」作業もケガにつながる危険性が考えられるため、マッチングを避けるほうが安全です。

◆感覚過敏

音や光、手触りや匂いといった刺激に過敏なため、大きなストレスとなる特性です。ストレス軽減のためのイヤーマフやサングラスなどの使用許可、集中できるようにするために作業エリアをパーテーションで囲むなどの配慮が必要です。

また、感覚過敏の場合は、負荷がかかることから非常に疲れやすい場合がありますので、休憩の取り方や時短勤務などについても検討が必要です。

◆視覚情報の優位

口頭やテキストによる説明よりも、目で見て確かめたほうが理解しやすいことが多いようです。見本を示したり、画像を多く使ったマニュアルを準備することで、理解が進みやすくなります。

特性は強みとなり得る

一方で、障害による特性は強みともなり得ます。

- 興味のある分野には高い集中力を発揮できる
- 確立されたルールがあると、同じ水準の成果物を完成させることができる
- 几帳面で正確さを必要とする作業に向いている

特性を強みとして活かせるようにするためにも、業務マッチングには個々人の特性への理解と配慮が欠かせません。

第3章

3 業務を切り出すときの視点

業務を「整理」すると、業務切り出しが楽になります。複雑に見える業務も「分解」すれば、障害のあるスタッフにも任せられる仕事になり得るのです。

業務を難易度で分類・整理する

「障害者だからこの仕事は無理」と、決めつけてしまうのはもったいないことですし、業務の切り出しを難しくしてしまいます。**今ある業務を難易度で整理して「この業務も任せることができそうだ」に変えていきましょう。**

庄司啓太郎著『結果が出る仕事のムダ取り』（日経BP）を参考に業務を難易度で分類し、具体的な例をあげてみました。

◆A：感覚型業務

経験・知識からの判断を要する業務、複雑な判断を伴う業務

（例）新規事業の開発、クレーム対応　など

◆B：選択型業務

いくつかのパターンがあり、条件に応じて手順を選択する業務

（例）支払データの作成、在庫管理　など

◆C：単純型業務

ほとんど判断がいらず、手順が定まっている定型業務

（例）郵便や荷物の仕分け、シュレッダー業務、PDF化、名刺印刷、PCキッティング　など

単純型業務が障害のあるスタッフ向けに切り出しやすいことはご理解いただけるでしょう。そして、単純型業務は意外と多いものです。

選択型業務を分解する

では、選択型業務について考えてみましょう。**選択型業務であっても、判断のパターンを「1または2」のように単純にしておけば、障害のあるスタッフ向けに切り出すことは可能です。**また、判断に複雑さがある場合でも、判断（選択）が必要となるステップで切り分けておき、判断にはサポート担当者が介入すれば、いくつかの単純型業務の集まりとすることができます。

流れのある大きな業務のように見えても、分解してみると単純型業務となり得る部分があり、一部を障害のあるスタッフ向けに切り出せるようになるのです。

「難易度分類」と「業務の分解」で多くの仕事を障害のあるスタッフに任せることができるようになります。まずは「この業務を任せるには？」と考えることのできる視点を持つことが大切です。

業務の切り出し

	元の業務	実際に障害のあるスタッフが担当している業務
感覚型	求人サイトへの記事投稿	〈業務から一部分を切り出し〉 仕上がった記事を管理ソフトに「転記」する
感覚型	訪問看護記録の登録	〈業務から一部分を切り出し〉 訪問予定だけを入力したデータの作成
選択型	支払データの作成	〈業務のうち同じ繰り返しの作業を切り出し〉 「毎月同じ支払い先」の支払いデータの作成
選択型	備品管理（購入まで）	〈業務を切り分けて単純業務にする（別々に担当）〉 ①在庫チェック ※最低在庫数を決めておき不足している備品のみ報告 ②発注業務 ※発注先・発注数をルール化しておく
選択型	社内受付対応（総務問い合わせ全般）	〈システム化とルール徹底で一つひとつを単純業務化〉 利用者は必要な対応をあらかじめシステムに登録 作業一つずつにマニュアル準備 対応に困ったときのための支援スタッフ配置

第3章

4 業務組み立ての工夫

業務のシンプル化を進めると、障害のあるスタッフの「苦手」が取り除かれていきます。

業務のシンプル化

障害のあるスタッフに業務を任せるときの配慮や工夫は、特別なことではありません。実際に、業務の流れをシンプルに提示することで、多くの業務を任せることができるようになります。

◆業務シンプル化の原則

- 手順を定める
- 手順から「例外」を外す
- 手順から「判断」を除く

作業ステップ（手順）を定める

あなたは、目的地に行くために乗換案内アプリで検索をして最適なルートを調べませんか。

作業手順をこの「最適なルート」と考えてみてください。

誰もが「効率よく目的の成果をあげる」ために役立つのが作業手順と考えれば、担当者がそれぞれに工夫をこらして最適な手順を考えるより、すでにある最適な手順を示すことで、事業所全体の業務効率が上がることは容易に想像できるでしょう。

また、手順を細かく分けておくと、手順ごとに必要なスキルが明確になり、個人のスキルと業務との適合を考える業務マッチングにも役立ちます。

作業手順から「判断」「例外」を除く

「例外」への対応は、相当に熟練した職員でも難しいものです。例外は手順から除いておき、例外が生じたときには必ずサポート担当者に報告することを徹底しておくのが望ましいと考えます。

判断は「多くの道筋から最適解を選択する」ことですので、当然、判断する事柄が多くなればなるほど手順は複雑になっていきます。

業務をシンプルにするためには、手順そのものをシンプルにすることが大切です。判断が伴う場合でも「○○ならA／△△ならB」というように、判断軸が定まった2者択一程度にしておくことをおすすめします。

基本的に判断はサポート担当者か業務に熟練したスタッフが行うものとして、そのタイミングで別作業として切り分けてしまうことも一つのアイデアです。切り分けられた業務ごとに適性のあるスタッフに担当してもらうことができ、熟練度合いによって複数の手順を任せていくといったステップアップにもつなげられます。

環境も大切

どれだけ業務のシンプル化を進めても、障害のあるスタッフ本人のやる気がなければ、業務を任せることは難しくなります。

「やる気は本人次第」と思われがちですが、チャレンジできる職場環境が整えられていてこそ、「やる気」は育まれていきます。また、チャレンジできる環境であれば本人の仕事に対する満足度も高まり、安定就労につながるでしょう。

◆「やる気」を育む職場環境とは

- 「わからない」を確認できる環境
- ミスが受け入れられ、リカバリーが可能な環境
- 自分の考えを発言できる環境

安定就労のための環境については、第5章で詳しくお伝えします。

第3章

5 業務を増やしていくためのヒント

障害のあるスタッフの増員を考えたとき、業務量を増やすことも考えなくてはいけません。年間4000時間分の業務を集めた工夫をお伝えします。

業務の幅を広げるポイント

IT化の加速やリモートワークの推進に伴い、「障害のあるスタッフに任せていた業務がなくなっていくのではないか」と悩む障害者雇用担当の声は少なくありません。しかし、そこにも「〇〇障害だからこの仕事は任せることができない」と、既存のシンプル業務を集めることを中心にしてきた影響があるように感じます。

いくつかのポイントを押さえることで、業務の幅が広がり、多くの業務を任せられるようになると考えています。

- 業務手順をシンプル化する
- 特性に配慮したツールを利用する
- 業務プロセスを分解して一部を切り出す
- 散在する共通業務を集約する

業務の集め方―フローレンスの場合―

フローレンスでは、全社から業務依頼を受けて障害者雇用チーム向けの業務を集めています。業務依頼の入り口は、オンラインフォームを用いて、効率よく依頼内容の情報を受け取れるようになっており、今では年間4000時間以上の業務が集まるようになりました。

もちろん、フォームを作った当初から業務が集まったわけではありません。「ローマは1日にして成らず」です。マネージャーが集まる会議で受託できる業務を伝え、協力を仰いでも効果は薄く、社内で障害のあるスタッフが担当できそうな業務を見つけるたびに「依頼して！」と声を掛ける営業活動を続けました。

また、当然のことですが、障害のあるスタッフの仕事だからと特別扱いはせず、妥協することなく、納期を守り丁寧な仕事を心がけることで信頼を得て、徐々に依頼を増やしていきました。

依頼が増えることでメンバーの経験値が上がり、スキルアップにつながって、対応可能な業務が増えていきます。丁寧な仕事ぶりに、依頼元の部署内にファンが生まれ、そのファンを中心にして「障害者雇用チームに依頼しよう」という文化が生まれていきました。

◆フォームの利点

①24時間いつでも依頼できる
②依頼のハードルが下がる
③必要な情報を必ず得られる
④チーム内の情報共有がしやすい
⑤依頼の際の注意事項をフォームに記載しておける
⑥依頼情報をデータとして蓄積し分析に使える

依頼された業務の時間をKPIにする

障害者雇用チームに業務を依頼すると、依頼元の部署ではその分時間が生まれます。障害者雇用をスタートしてから4年目、**生まれた時間を「依頼元の部署へのプレゼント」として、障害者雇用チームのKPI（重要業績評価指標）に定めました。**

KPIにしたことで経営陣への報告数値となります。プレゼントした時間を部署ごとにまとめて報告したことで、「**障害者雇用チームへの依頼＝部署内業務の効率化**」の図式が生まれて、障害者雇用チームへの業務依頼（切り出し）推進の声となり、今の実績に結びついています。

第3章

6 マニュアル作成のポイント

シンプル化した業務も、マニュアルがなければ「標準化」はできません。「誰もが見て作業できる」マニュアル作成のためのポイントを押さえておきましょう。

マニュアルはなぜ必要か?

あらためて、マニュアルのメリットについて考えてみましょう。

- 業務手順の最適解を記録しておける
- 業務品質の均一化が図れる
- 業務OJTにかかる時間を削減できる

この3点が実現できれば、新たな人材に仕事を任せやすくなり、業務の属人化を防ぐことにもつながります。

とはいえ、大量のテキストのみでできている難解なマニュアルでは見向きもされなくなり、メリットを感じることはできないでしょう。

わかりやすいマニュアルとは

障害のあるスタッフ向けにマニュアルを作成するにあたっては、次の3点を心がけます。

①1作業1ステップで作成する
↓「今」作業することを明確にするため
②画像を用いて作成する
↓視覚優位の特性に配慮するため／見本を示すため
③テキストは少なく、「言い切り」で記載する
↓やるべき「行動」を明確にするため

マニュアルで確認する癖をつけよう

作業でわからないことがあったとき、誰かに相談できるのはよいことです。しかし、マニュアルがあるなら、「マニュアルは確認しましたか?」と答えることが大切です。久しぶりに担当した作業でミスが起きたときも同様に、「マニュアルを確認しましたか?」と注意を促します。

マニュアルは更新するもの

マニュアルがあっても上手く作業が進まないこともあるでしょう。フローレンスでは、マニュアルは更新するものと考えて、常日頃から障害のあるスタッフに次のことを伝えています。

- マニュアルの内容や書き方などで、わからないことがあれば教えてほしい
- あなたの「わからない」は、後輩も「わからない」
- 一緒にわかりやすいマニュアルにしていこう

このように伝えておくことで、作業で困ったときに「進め方がわかりません」と声を出すハードルが下がりますし、「マニュアルにどのように書かれていれば理解しやすいか」を考えてもらうことで、改善提案の経験を積むことにもなります。なにより、マニュアルを適切に更新することで、よりわかりやすいマニュアルになっていきます。

マニュアルがあるのにミスが繰り返される場合、担当スタッフが理解できていないと捉えず、「マニュアル(作業工程)に問題がある」と考えてみましょう。私たちは無意識に行間を読んで書かれていないことを想像して行動しますが、障害のあるスタッフにはマニュアルに記載された通りに行動することが得意な人が多いのです。

マニュアルに親しみがあれば、「この仕事にチャレンジしてみたい」と声に出しやすくなり、スキルの広がりにもつながります。

第3章

7 OJTにマニュアルを利用しよう

「マニュアル確認は業務遂行の基本」を定着させるために、OJTの段階からマニュアルを利用。自分で確認する習慣を身につけて、早期の自立を図ります。

マニュアルの利用でOJTを効率化

わかりやすいマニュアルがあり、日頃からマニュアルを見て業務を遂行することに慣れ親しんでいれば、新しい業務を任せるときのOJTに時間をかける必要はなくなります。

特性によっては見本や手本を示すことも必要になりますが、判断の伴わない業務の場合、熟練者が横について「マニュアルを見ながらやってみて」「わからないところがあったら声をかけて」で、スタートできることがほとんどです。

フローレンスでは、実習時の業務として、この方法でPCキッティング（パソコンの初期設定作業）にチャレンジしてもらっていますが、ほとんどの人が最後までやり遂げています。

業務によってOJT担当を決めておく

業務によっては、判断が伴ったり複数の作業の組み合わせになったりと、複雑さが伴うこともあります。業務の複雑さ度合いに合わせて、誰がOJTを担当するのかを決めておくことも必要です。

◆マニュアルでOJT

一人でこつこつできる判断が不要な一方通行の業務。例：PCキッティング。

◆先輩スタッフがOJTを担当

複数の作業の組み合わせが伴うが、マニュアルに沿ってOJTができる業務。例：環境整備（清掃）・

受付業務など。

◆サポート担当者がＯＪＴを担当

数字を取り扱うなど適性の判断が伴う業務。例：経理関係補助業務。

どんなときもマニュアルが基本

ＯＪＴを先輩スタッフに任せるときにも、「必ずマニュアルに記載された手順を一つひとつ確認しながら教えること」をルールとして徹底します。

手順を正しく伝えるためのルールですが、実は、ＯＪＴを担当する先輩スタッフへの教育も含まれています。「マニュアル確認は業務遂行の基本」であることの意識定着を促し、記憶に頼って業務を進めることで起こるミスの防止にもつなげています。

障害の特性によっては、同じ業務について異なった作業手順を指導されると混乱を招いてしまうことがあります。サポート担当者がＯＪＴを担当するときにも、記憶に頼らずマニュアルに沿って同じ手順でＯＪＴを進めることも大切です。

先輩としてのＯＪＴ担当は成長のチャンス

後輩ができたことで先輩として成長するのは、障害のあるスタッフも同じです。障害のあるスタッフ同士で先輩に後輩へのＯＪＴを任せることには、次のようなメリットがあると思われます。

- スタッフ間でのコミュニケーション活性
- 先輩スタッフの伝える力と業務習熟度の向上
- 先輩スタッフの自己有用感の向上
- サポート担当者の時間確保

ＯＪＴを担当することで「人の役に立ち、自分と他者との関係が肯定的に受け入れられた」と感じられ、やりがいを持って仕事に向き合えるようになります。また、安定就労も期待できると考えられます。

第3章

8 業務の難易度の定義と習熟度の見える化

障害のあるスタッフの人数が増えてきたときには、業務マッチングに必要となる、個々の特性やスキルの情報を管理することが大切になっていきます。

「業務習熟度」見える化のすすめ

集合配置型で障害者雇用を進める場合、ジョブローテションを組んで業務の属人化を防ぐとよいでしょう。一つの業務について複数のスタッフが習熟していれば、不調による急な休みがあったとしても他のスタッフにその業務を任せることが容易になるためです。

このとき、**すべての業務について「難易度定義」と個々のスタッフの「習熟度」が見える化されていると、適切なマッチングが可能になります。**

ステップアップにつなげる

業務ごとの難易度を示した上で、一人ひとりの習熟度がわかるように一覧表にしておくことで、本人の目標設定にも役立つツールとなり得ます。

フローレンスでは、障害のあるスタッフに、この習熟度一覧を公開していますが、「自分のスキルの確認ができてよいと思う」「次に何ができるようになればよいかがわかって目標ができる」と、とても前向きに捉えられています。

特性として全体を捉えることに困難さがある場合、自分で適切な目標を立てることが難しくなりますが、業務の難易度と自身の習熟度が示されていることで、「次に自分がチャレンジするべき業務は○○」と具体的に理解できるようになり、成長意欲につながるようです。

また、チームとしても業務ごとの習熟スタッフの人数把握が容易になり、強化が必要な業務の見える化ができて、全体のステップアップにも効果があります。

過去の経験から

障害者雇用を始めたばかりの事業所の話を聞くと、サポート担当者が一人しかおらず、障害のあるスタッフに関する情報はそのサポート担当者の頭の中にある、という状況はめずらしくありません。実は、フローレンスも数年間はそのような状況でした。その上、サポート担当者がケガで入院となり、障害のあるスタッフへの業務マッチングに混乱が生じたことがありました。

この経験から、障害のあるスタッフに関する情報の明文化と情報の蓄積の仕組み化を進めることになりました。現在は、業務習熟度の一覧が運用されていることで、障害のあるスタッフへの業務マッチングは誰にでもできる仕事になっています。

業務難易度・業務習熟度の設定

業務分類	難易度	スキル詳細	Aさん	Bさん	Cさん	Dさん	Eさん	◎○
郵便業務	1	郵便仕分け	◎	○	◎	△	○	4
	2	郵便代金印字作業	◎	○	◎	△	○	4
	3	郵便仕分けチェック作業	○	○	◎	—	△	3
	4	郵便投函（印字チェック）	○	△	◎	—	△	2
	5	郵便物不足金額対応	△	—	○	—	—	1
備品管理	1	備品在庫チェック	◎	◎	◎	○	○	5
	2	到着備品の仕分け	○	◎	◎	○	△	4
	3	通常備品発注業務	△	○	◎	—	—	2
	4	注文備品受付発注対応	—	△	○	■	—	1
	5	備品全体管理	—	—	△	■	—	0

◎：OJTができる　○：1人でできる　△：見守りがあればできる　—：未経験　■：特性により担当しない

第3章 9 業務の習得とマッチング

成功体験を積み重ねて、個々のタイミングを大切にしたステップアップへの挑戦を促して、働くことへの意欲の向上につなげます。

まずは成功体験を重ねる

就労経験のない障害のあるスタッフの場合、入社からしばらくは「成功体験」を積み重ねるための期間と考えるとよいでしょう。無理のない業務で成功体験を積みながら、自己肯定感や「自分ならできる、きっとうまくいく」といった自己効力感を養って、職場において「自分には役割がある（期待されている）」と、認知してほしいからです。

障害のあるスタッフの中には、こどもの頃に同級生と同じようにできないことで、「いじめ」や「居場所がなかった」経験を持つ人が少なくありません。まずは不安を解消して、職場に自分の「居場所がある」と安心できることで、その後の活躍の基盤となるはずです。

スモールステップで成功体験を

十分に成功体験を積んだ後は、新しい業務に挑戦してステップアップを図ります。

前節で解説した業務難易度表は、スモールステップで作られています。大きな段差を無理して登ることを避け、ステップアップにおいても成功体験を積めるような配慮となっています。

次のステップへの挑戦を促すことにつなげているのですが、スモールステップは「自分はもっとできるはず」と思っているスタッフにとっては、物足りなさを感じることもあるようです。

しかし、**習熟度に合わないマッチングはトラブルのもとになることもあります。**

フローレンスでも、本人の強い希望に押される形でステップを数段飛び越えた業務をマッチングしたことがありますが、上手くいかずに小さなパニックを繰り返すようになり、本人と話し合った上でステップを戻した例があります。

本人のチャレンジしたい気持ちは大切にしたいところですが、やはり無理は禁物です。

一人ひとりの違いを認める

障害者雇用において、「どうしてできないの?」と考えることは避けたいものです。

同じ障害であったとしても、得手不得手やスキルの習熟スピードは一人ひとり違います。あのスタッフにはできてもこのスタッフにはできない、そういう場合があるのは当然のことと捉えて、**「どのような工夫があればできるのか」を考えるようにしましょう。**

特性によるミスマッチの場合は、「この業務はマッチングしない」という判断も必要になります。

また、スモールステップとはいえ、新しいことにチャレンジし続けることは一定のストレスがかかるものですし、障害特性によっては不向きな場合もあります。

ステップアップを前提とした採用の際には、新しいことに好奇心を持って取り組める資質があるか、実習などを通じて確認するように心がけましょう。

情報の更新も必要

業務が増えたり、各スタッフがステップアップしたりと、状況は日々変化します。定期的に業務難易度と業務習熟度の一覧を見直して、情報を更新することが大切です。

評価の時期に合わせて業務習熟度の更新を行えば、次に目標とすべきことを具体的に示すのも容易になります。

第3章

10 業務スケジュールを見える化する

知的な遅れを伴う発達障害のあるスタッフが安心して業務にあたるためには、業務スケジュールがある程度先まで見えていることが必要です。

「見える化」のメリット

業務スケジュールを見える化することは、「自分で仕事の優先順位をつけることが難しい」といった特性への配慮でもありますが、サポート担当者の業務効率化にもつながります。

◆障害のあるスタッフにとってのメリット

- 先のことが予測できると安心できる
- 自分で確認できるので自立して業務を進めることができる
- 自立して業務を進めることで自己有用感アップを狙う

◆サポート担当者にとってのメリット

- 誰が何の業務中か確認が容易になる
- 依頼業務のマッチングが楽になる
- 業務の漏れが減少する
- 質問が減り、業務効率が上がる

フローレンスでは、パソコン上のスケジュールソフトで見える化しているので、予定をクリックすれば業務の詳細やマニュアルのURLを確認できるようになっており、このスケジュール一つで、障害のあるスタッフが自立して業務を遂行できる仕組みになっています。

また、本人にスケジュール管理の力がついてきたときには、サポート担当者による管理から、本人によるスケジュール管理に移行しています。

Aさんのある週のスケジュール

10月7日（月）	10月8日（火）	10月9日（水）
●09:30-10:00 作業（必須）【ナンシー】ZXY（外部会議室）の予約／【ナンシー】一時利用の予約を確定する（児発管単独訪問含む） ●10:00-10:15 朝礼（月曜以外） ●10:15-11:00 評価シート作成（空き時間にやってください）10月16日まで ●11:00-12:00 【「保育園こども食堂」助成事業の精算チェック】レクチャー ●13:00-13:15 【縁組資料送付】 ●13:15-15:00 【病児】到着郵便振分作業（1回め：午後） ●15:00-15:15 フィーカ ●15:15-17:00 「保育園こども食堂」助成事業の精算チェック	●09:30-10:00 作業（必須）【ナンシー】ZXY（外部会議室）の予約／【ナンシー】一時利用の予約を確定する（児発管単独訪問含む） ●10:00-10:15 朝礼（月曜以外） ●10:15-11:45 【代理申請】か【「保育園こども食堂」助成事業の精算チェック】 ●11:45-12:00 備品発送のチェック ●13:00-15:00 養親研修資料の封入作業 ●15:00-15:15 フィーカ ●15:15-17:00 「保育園こども食堂」助成事業の精算チェック	●09:00-17:00 外出【施設勤務】【みらい】カムパネルラ経堂
10月10日（木）	**10月11日（金）**	
●10:00-10:15 朝礼（月曜以外） ●10:00--11:15 作業（必須）縁組養親研修資料発送物（レターパックの金額要確認）の確認 ●10:15-12:00 【代理申請】か【「保育園こども食堂」助成事業の精算チェック】 ●13:00-13:15 【むかはぐ事業概要図更新】 ●13:15-15:00 （他の予定がない場合は新規依頼／火曜日は【病児リンク確認&jcoolへの依頼】【病児、アニー、縁組備品】【経理、適格請求書】【ジャンヌ、スキャン】【システム請求書】のどれか） ●15:00-15:15 フィーカ ●15:15-17:00 「保育園こども食堂」助成事業の精算チェック	【重要】支払依頼　登録締め日 ●10:00-10:15 朝礼（月曜以外） ●10:15-12:00 【病児】到着郵便振分作業（2回め） ●13:00-13:15 【アニー腸内細菌提出管理】 ●13:15-15:00 評価シート作成 ●15:00-15:15 フィーカ ●15:15-17:00 支払い依頼代理申請	

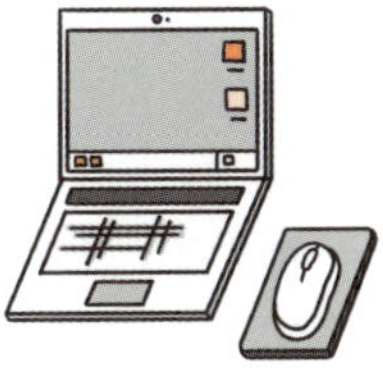

事例紹介

試行錯誤してできた清掃業務のチェック表

●清掃業務の指示出しは難しい

指示を出すのが一番難しい業務は何かと問われたら、迷うことなく「清掃業務」と答えます。そこには発達障害の人にとっての「苦手」が多く含まれているからです。

①指示が「曖昧な表現」になる
・隅々まで
・丁寧に、キレイに
・ホコリがないように
②手順や仕上がりに明確な正解がなく「判断」が必要になる
③視空間認知の弱さが特性としてある場合は、同じ場所に何度も掃除機をかけてしまったり、モップがけで隙間状の拭き残しが出たりする

もちろん、発達障害の人全員が清掃業務を苦手とするわけではありません。中にはとても丁寧に清掃業務をこなせるスタッフもいます。それでも、こだわりがあって時間がかかりすぎてしまうなど、曖昧な指示を要因とする難しさは残ります。

保育施設での清掃業務

あるとき、特別支援学校の進路指導の先生から採用についての相談がありました。「清掃業務に向いている生徒がいます。受け入れてもらえる施設はありますか」ちょうど、「障害のあるスタッフを受け入れてみたい」と、障害児保育園へレン経堂から手が上がっていたタイミングでした。Aさんは実習を経て採用が決まりました。

園長との話し合いで、Aさんの入社後は、筆者が業務指導を行うことになりました。このとき、清掃業務に多くの工夫が必要になるとは思いもよりませんでした。

次は、Aさんの入社に合わせて準備したツールです。

①清掃箇所ごとの画像付きマニュアル
②作業チェック表（注意事項付き）
③張り出し用スケジュール表

OJT中は順調だったのに

入社からひと月ほどの業務指導期間は順調に過ぎていきました。ところが、独り立ちからしばらくすると抜け漏れが出るようになり、「仕上がり具合に課題あり」と園長から相談が入るようになりました。

筆者が訪問するときには、抜け漏れなく丁寧な作業ができているのに、翌日には園長から報告が入ることが続きました。今考えると、筆者の訪問時には問題なく作業できる理由がありました。

・困ったときにジョブコーチ（筆者）に確認できる安心感があった
・ジョブコーチの視線があることで「丁寧な作業」に気持ちが向いた

施設で働いている保育スタッフの視線は、登園しているこどもたちに向いています。園長も保育に入ったり、会議があったりと忙しい毎日を過ごしていますので、Aさんに細やかに目を向けることは難しい状況でした。

おそらくAさんは清掃手順がわからなくなったときや、困ったなと思ったときには誰かに声をかけたかったであろうと思います。しかし、Aさんは周りの状況を察する能力が高く「忙しそうだな」と感じると、声をかけることができない特性が強かったこともあり、「どうするのだっけ？」と自分で考えて作業を進めていたようです。また、入社したてのAさんには、自分でマニュアルを確認することは思いつかなかったのでしょう。

●作業チェック表の失敗

抜け漏れがないようにと作成したチェック表は、残念ながら効果がありませんでした。なんと、Aさんはすべての作業を終えてから、記憶をもとにまとめてチェックをつけていたのです。本人は「そのほうが効率的」と考えていたそうで、まったく悪気はありませんでした。

確かに、1ステップごとにチェック表を広げペンを手にしてチェックするのは効率の悪いことでした。清掃箇所は6か所あり、1か所あたりの清掃工程は20ステップほど。毎日、100回以上のチェックをつけなければいけなかったのです。「チェックすれば抜け漏れは防げる」と安易に考えていたこちらのミスだったと反省することになりました。

●チェックカードの導入

ペンを持たずに清掃のチェックが行えるよう、チェックカードを導入することにしました。カードの表面には清掃箇所と使用する道具を記載し、裏面には手順や注意事項を記載しておきます。チェックカードの枚数はトイレだけでも16枚になりました。

［使い方］

①清掃箇所と道具を確認してカードを裏返す
②裏面にある手順に沿って作業
③すべてのカードを裏返すまで、①と②を繰り返す
④終業前に施設のスタッフとカードを確認しながら最終チェック
⑤チェックOKならカードを表に戻しておく

効果①壁面を見れば作業内容が確認でき、抜け漏れが減少した
効果②施設スタッフにAさんの作業内容が見える化された
効果③ペンが不要になった

●マニュアル確認の習慣を身につける

張り切って用意したマニュアルも、Aさんには上手く利用してもらえませんでした。

家庭や学校生活においてマニュアルを確認する機会はほとんどありません。わからないときには「誰かに聞く」が正解です。指導期間中は「マニュアルを見て！」と声がけされるからマニュアルで確認していただけだったのだと思います。

現在は、実習時から「マニュアルの大切さ」について説明し、「わからなくなったらマニュアルを確認する」習慣をつけるよう指導を行っています。

●清掃の工夫あれこれ

【人からの声がけは重要】

仕上がり具合に「丁寧さが欠けているな」と感じたら、やり直してもらうための声をかけてもらうことにしました（当初、施設スタッフたちは遠慮があり言えなかったそうです）。

「やりました」と言われたときには、「また汚れちゃったみたいだからもう一度お願い！」と返してもらっています。

【清掃担当を交替制に】

思い切って、施設勤務を曜日ごとに複数のスタッフでの交替制にしたところ、次の効果が現れました。

効果①清掃担当スタッフ同士のチェック機能が働く

効果②こどもたちに会える日が限定されたことで、施設勤務のモチベーションが上がった

●Aさんの業務の幅が広がった

清掃担当を交替制にしたことで、Aさんは週に3日オフィスで事務業務を担当してもらうことになりました。家庭でパソコンの練習をしていたこともあり、すぐに事務業務に馴染むことができました。

結果（正解）がはっきりしていることが、Aさんには適していたのでしょう。メキメキと成長して、今では多くの事務業務を担当しています。

高校在学中の実習先は、清掃業務のみだったAさん。卒業校の進路指導の先生が来訪された際に、パソコンに向かって事務作業をこなすAさんの様子を見て、とても感慨深げにされていた姿が忘れられません。

Column インターンシップへの思い

文部科学省は、高等学校キャリア教育の手引の中で、生徒たちの「自己の将来について考える」「社会や職業に対する認識を深める」機会として、社会体験学習やインターンシップを充実させていくことが重要であるとしています。

特別支援学校に通っている障害のある生徒たちにも、同じように機会の充実が図られるようにと、特別支援学校の先生方はインターン先となる企業の開拓に力を尽くしています。

就労への思いを持つ生徒にとって、自身のキャリアについて自主的に考えるきっかけとなるインターンシップは、とても貴重な機会となるはずですが、肢体不自由のある生徒たちをインターンシップで受け入れる企業は、非常に少ないのが現状であると学校からお聞きしています。

ハード面の課題など様々な事情があることは理解しつつも、企業における就労体験だけでなく、公共交通機関を利用しての通勤、周囲の人との関わりなど、社会との接点を数多く持つことができるインターンシップを経験できないことは、とても残念なことですし、教育の機会均等という点で考えても課題があると思います。

フローレンスでは、東京都内にある特別支援学校肢体不自由科の先生方と勉強会や協議を重ねて、2022年から肢体不自由科に通う生徒たちのインターンシップを受け入れています。一人ひとり抱える困難が異なるため、事前の面談で必要な配慮についてや、車いすの仕様などを確認し、これまでに、延べ7名の生徒にフローレンスでの就労体験を経験してもらいました。

インターンシップを終えた後は、「これまで家と学校の生活だったのが外出するようになり活動範囲が広がった」「学習への意欲が増した」といった先生方からの報告や、生徒本人からの「たくさんのスタッフの人と交流ができて、いろいろなことを経験できたことで自信がついた」という感想を聞き、毎回、インターンシップの意義を感じています。

私たちフローレンスの障害者雇用は、ただ単に法定雇用率を達成するためのものではありません。スタッフ一人ひとりの可能性が広がり、社会の多様性が広がる、そんな未来を目指して「キャリアのデザイン」をしたいと考えています。

第 4 章

知的障害・発達障害のある社員のためのお仕事ハック

第4章では、採用した障害のあるスタッフに「どのような業務を、どうやってもらうのか」について、今日から実践できる、電話対応、経理事務などのオフィス業務を中心とした実務の工夫を具体的に紹介しています。また「マニュアルの作り方」「優先順位のつけ方」など、業務を行う上での困りごとへのアドバイスもお伝えしています。

第4章

1 電話対応

社会人経験が長くても、「電話対応」が苦手という人は多いようです。障害のあるスタッフにも「電話が鳴るだけでビクっとしてしまう」人は多く見られます。

電話対応マニュアルのポイント

「障害のあるスタッフにも電話対応をしてもらおう」とするなら、何らかのマニュアルが必要となります。作るときのポイントをいくつかあげます。

◆①必要最小限の言葉にする

電話対応は、丁寧にしようとすればいくらでも丁寧な言葉遣いにできますが、難易度も高くなります。**まずは「電話に出て、必要な人に電話をつなぐ」ことを目標に、最低限の言葉数で作りましょう。**

現代は着信で電話番号が残りますし、メールなどで連絡をとることもできます。チーム全体で「誰でも挑戦しやすい電話対応」に見直してみてもよいのではないでしょうか。

◆②選択肢を少なくする

会議で席を外していても、会社を休んでいても「ただいま席を外しております」で統一します。電話対応に慣れてくれば、その人が休みなのか、会議中なのか、外出しているのかなど、スケジュールを確認する余裕も出てきますが、最初は難しいので、一律の対応とします。

◆③動作までマニュアルにする

電話が鳴ると慌ててしまい、次に何をすればいいのかわからなくなることが多いので「電話が鳴ったら、このマニュアルを手元に置き、ペンを持つ…」のように、**動作もマニュアルにしました**（左図参照）。マニュアル通りに動くことで、緊張していても行動できるようにします。

電話対応マニュアル兼メモ帳

（電話が鳴ったら、このマニュアルを手元に置き、ペンを持つ）

↓

（電話の通話マークを押して、スピーカーフォンにする）

↓

「はい。フローレンスの総務チームです」

↓

相手：×× 株式会社の ×× です。〇〇さんいらっしゃいますか？

↓

（誰宛ですか？　〇をする⇒佐藤、鈴木、高橋、田中、伊藤）

↓

「会社名とお名前をもう一度お願いします」

↓

（ここに社名を書く⇒　　　　　　　　　　）

（ここに相手の名前を書く⇒　　　　　　　　様）

↓

「ありがとうございます。お待ちください」

↓

（スピーカーフォンを止める、消音にする）

↓

（このマニュアルとスマホを持って〇〇さんを探しに行く）

↓

いた場合	いない場合
〇〇さんに「×× の ×× 様からお電話です。消音になっています」と言って、電話を渡す	**電話の相手に「ただいま席をはずしております。お電話があったことを伝えておきます」と伝える** ↓ （オペレーションズ chat で「×× の ×× さんからお電話がありました」とメンションで伝える）

※わからなくなったときは、「電話対応でわからなくなってしまったので、電話に出てください」と言って総務チームの誰かに電話を渡す。

◆④同時に何かをしない

「電話を持ちながら、社名や氏名を聞き取り、メモする」という動作は、電話対応の一番の難関です。そこで、電話が鳴ったら、電話を持たなくても相手と会話ができるように、スピーカーフォンにすることにします。

これならメモをとることに集中できますし、他のスタッフにも電話相手の声が聞こえるので、フォローすることが可能です。

本番の前に社内で練習する

マニュアルを作った後は、まずは1時間、電話対応のレクチャーをします。このときに大切なのは、まずは「ゆっくり、はっきりしゃべる」ことです。

これは電話をかけるレクチャー側も、電話対応をする側も大切なことです。「電話は怖くない」ことがわかれば、電話に出るハードルは下がります。

そして「ゆっくり、はっきり」の電話対応に慣れてきたら、聞き取れない社名を言ってみる、存在しないスタッフ名を言ってみる、などだんだん難易度を上げましょう。

ここで練習したいのは「困ったら、電話対応ができるスタッフに電話を代わってもらう」ことです。

その後は、本当の電話を使って、電話に出る練習をします。「これから10分の間に電話をかけるのでとってください」と伝え、レクチャーしている担当者が実際に電話をかけます。これを何度か繰り返します。

やる・やらないは本人の意思を尊重

障害特性などで電話対応ができないスタッフがいることを忘れないようにしましょう。

無理強いをしてはいけません。電話対応の業務をお願いする前に、本人に意思を確認しましょう。

第4章

2

備品管理

職場の備品の数を管理する「備品管理」は、障害のあるスタッフの業務として取り入れやすいものです。業務化のポイントを紹介します。

備品管理のマニュアルと管理表を作ろう

障害のあるスタッフに対して「在庫の補充をしておいて」と言うだけでは、作業が難しい場合があります。「まだ5個あるから補充しなくていいか」と思ってしまい、「あと5個あるけど、発注してから届くまでに1週間かかるから発注しておこう」という想像力を働かせる「感覚的な管理」ができない場合があるからです。

この「感覚的な管理」を「標準化」することで、障害のあるスタッフでもスムーズにできるようにするためのツールが、マニュアルと在庫管理表です。

マニュアルには、在庫の置き場所（写真入り）、補充手順などを記載します。在庫管理表には、品名、在庫場所、購入最低ライン数、在庫数などを記載します。

◆在庫チェックの流れ（例）

①週に一度、在庫数を確認して在庫管理表に記載する

②「購入最低ライン」の個数になった備品は、備品購入担当者にビジネスチャットで報告する

「補充が必要なサイン」の見える化

日常的になくなりがちな備品や、チェック作業に時間がかけられない場合は、在庫数をチェックするのではなく「在庫がなくなりそうなので購入してください」カード（**備品購入依頼カード**）」を作成して「補充が必要なサイン」を見える化します。

在庫管理表と備品購入依頼カード

◆在庫管理表

品目	在庫場所	購入最低ライン数	在庫数 4月	在庫数 5月
クリアファイル	書類棚	50	80	60
黒ボールペン	書類棚	10	15	10
赤ボールペン	書類棚	10	16	11
携帯ケース	3階	10	9	30
携帯ストラップ	3階	10	8	32
覗き見防止シート	3階	10	10	20

「購入最低ライン」の個数になった備品は、各部署の備品購入担当者にビジネスチャットで連絡する

◆備品購入依頼カード

●「備品購入依頼カード」の仕組み

①購入担当者は、在庫にカードをつけておく

②在庫を使った人が、購入担当者にカードを渡す

●「備品購入依頼カード」の内容(例)

- 備品の写真
- 備品名
- 「カードは備品発注ボックスに入れてください」「カードは在庫につけておいてください」など、やってほしいこと、伝達事項を記載する

第4章

3 ゴミ回収、シュレッダー作業

障害のあるスタッフが取り組みやすい仕事に、オフィスのゴミ回収、廃棄書類のシュレッダー作業があります。業務化のポイントを紹介します。

ゴミ回収

フローレンスの障害者雇用チームでは、1日に1回、本部オフィスのゴミ箱のゴミを回収し、ゴミ置き場に持っていく業務を担当しています。

ゴミ回収の作業を楽にするために、工夫をした点があります。「燃えるゴミ」「燃えないゴミ」と表記した二つのゴミ箱があったのですが、現在は「紙くず」「ビニールやお弁当箱」という表記に変更してあります。

「燃える」「燃えない」表記だと、「弁当箱のプラスチックは燃える」と考えて「燃える」ゴミ箱に入れる人が多くいたからです。表記を「燃えない」から「ビニールやお弁当箱」に変更することで、弁当箱のゴミが入っている臭いやすいゴミ箱は頻繁にゴミ回収できるようになりました。

「電池はどう捨てるの?」「雑誌も燃えるゴミ?」など、ゴミの分別は複雑です。間違ったゴミの捨て方をされると、分別する手間がかかりますので、ゴミ箱に「捨てる種類の写真を貼る」などの工夫をしてみましょう。

シュレッダー作業

本部オフィスにシュレッダーボックスを設置し、障害のあるスタッフが1日に1回まとめてシュレッダーをかける仕組みもあります。

◆ペーパーレス対応にはPDF化から

ペーパーレス化の流れで、保存していた書類を破棄することも増えてきました。
ただ書類を破棄するだけではなく、データを残しておく必要がある場合は、書類のスキャン（PDF化）から破棄までをセットにして作業を引き受けてみましょう。

◆作業しやすい機械に買い替えよう

シュレッダー作業は単純作業ですが、作業にかかるストレスは極力なくせるように、新しい道具に更新していくことも大切です。作業効率のためには、一度にたくさんの紙を投入できる大型のシュレッダーや、静電気抑制加工がしてあるゴミ袋を準備するとよいでしょう。

「燃える／燃えない」ではなく具体的に表記する

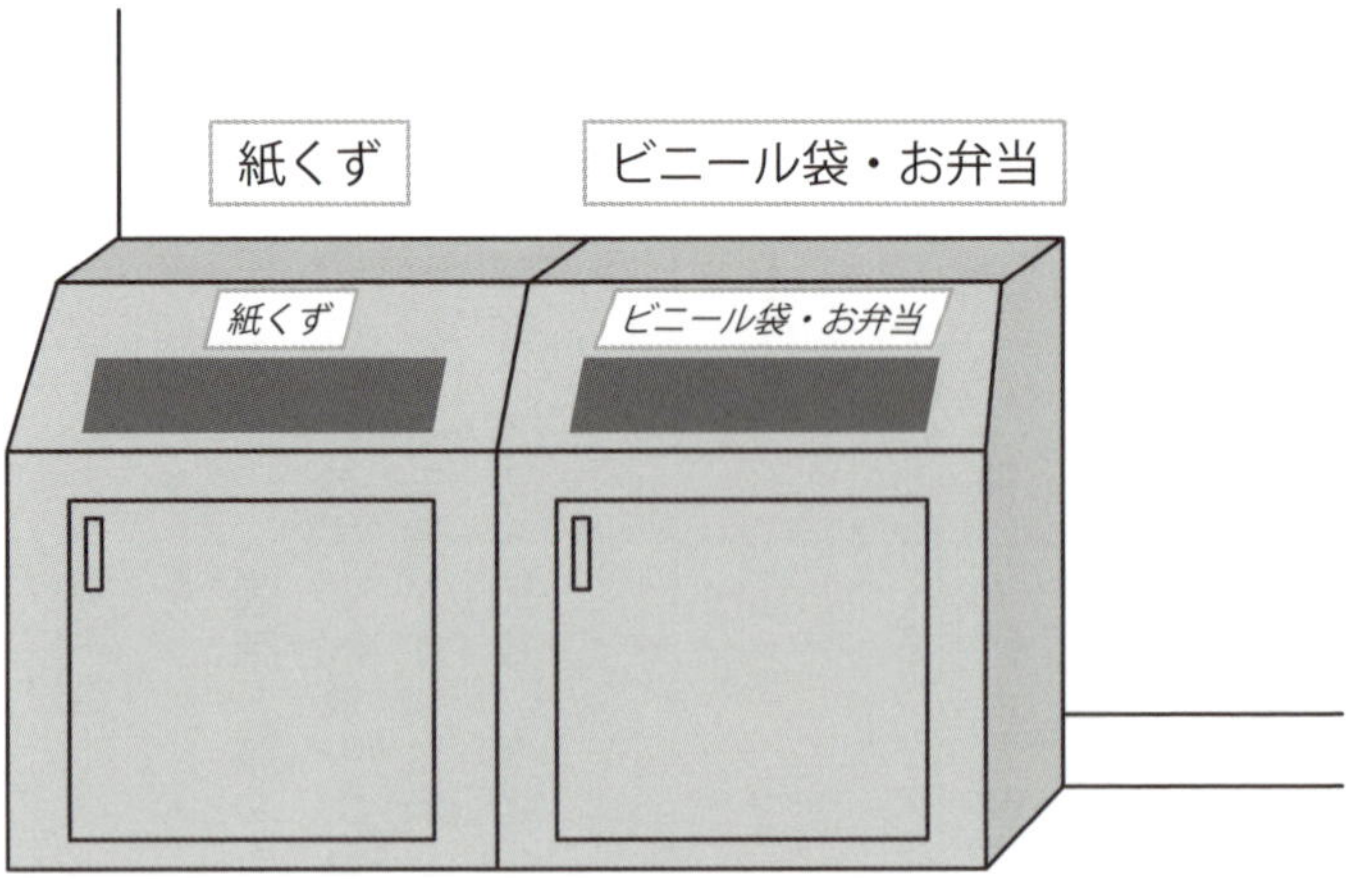

「燃える」「燃えない」では判断が難しい。
「紙くず」「ビニール」など、具体的に示すほうがわかりやすい

第4章

4 郵便の仕分け

社内の郵便物に関わる業務（郵便仕分け、郵便物の投函代行）は、障害のあるスタッフの業務として取り入れやすいものです。ポイントをいくつか紹介します。

郵便仕分けとは

職場に届く郵便物を部署ごとに仕分けして、部署ポストに投函するなど、各所に届ける作業です。フローレンスの場合を例に、流れを紹介します。

◆郵便仕分けの流れ（フローレンスの場合）

①郵便物を取りに行く
②宛先や郵便仕分け確認表を元に、部署ごとのファイルに入れていく
（宛名に部署名が書いてない場合には「郵便仕分け確認表」で部署を特定する）
（個人名しかない場合は、スタッフリストで部署を特定する）
③仕分け内容に間違いがないかチェック担当者が確認する
④各部署のポストに投函する
⑤宛先不明な郵便は、全スタッフ宛にビジネスチャットで通知して、適切な部署を探す

郵便物の投函代行とは

全社から郵便物を集め、郵便ポストに代理で投函する作業です。その際に、切手の代わりになる料金スタンプを印字する「郵便印字の代行」もします（郵便印字には「郵便料金計器」というオフィス機器を利用して印字しています）。

◆郵便物の投函代行の流れ
（フローレンスの場合）

①依頼者は「郵便投函依頼表」を書き、郵便物にクリップで止めて、投函依頼ポストに投函する
②投函依頼ポストに投函された郵便物に郵便印字を行う
③郵便印字が適切に行われているか、チェック担当者が確認する
④郵便ポストに投函する
（「郵便投函依頼表」は投函代行をした証明になるため、一定期間保管しておく）

郵便・荷物の送付の「見える化」

郵送物や荷物発送に関する質問をされたときに説明できるよう、**「郵便・荷物を送る一覧表」**を作って貼っておきます。一覧化して見える化することは、障害の有無にかかわらず安心して仕事をするために必要です。

郵便投函依頼表

依頼者氏名（フルネーム） フロレ花子	
普通定形	通
普通定形外	通
速達定形 ※速達印押す	通
速達定形外 ※速達印押す	通
レターパック	通
※封入内容がすべて同一の場合はチェック	✓

郵便・荷物の送り方表（例）

定型郵便

長3封筒
厚み1cm以内
50g以内

定型外郵便

角2封筒
厚み3cm以内
1kg以内

ゆうパック 切手

・ゆうパックは直接郵便局に持ち込み
※送料は部署費用
・切手は部署費用で購入

↓

封筒を取りに行く

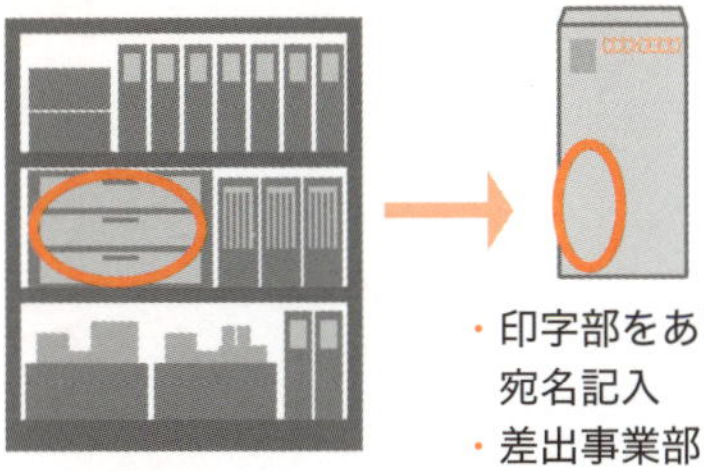

4Fの備品置き場にあり

・印字部をあけて宛名記入
・差出事業部を書く

レターパックライト レターパックプラス

A4サイズ
厚さ3cm以内
4kg以内
※郵便受け投函

A4サイズ
4kg以内
※手渡し

↓

レターパックを受け取る

必要枚数をフォーム入力して受付で受け取る
※「レターパック」で 検索

宅配便

↓

袋・箱・伝票を探す

3F入って左側に袋と伝票あり
※ダンボールは各自調達
・伝票の書き方などはティーチミー・ビズで「宅配便伝票」で検索

郵便依頼表を記入→郵便物につける→社内ポスト投函

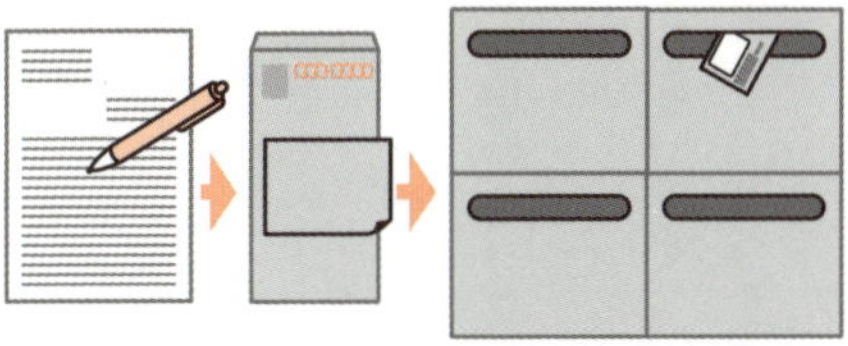

書留など、配達証明や郵便窓口対応が必要なものはお受けしません。
※速達はOK

毎日17時に集荷にきます

発送物は3F受付机の前に置いてください

郵便印字（切手代わり）と、郵便ポスト投函はオペレーションズがやります。

※実際のマニュアルではイラストではなく写真を撮って使用すると、よりわかりやすいでしょう。

第4章

5 印刷代行、発送代行

職場では毎日、資料の印刷や荷物の発送が多く行われています。全社から印刷や発送業務を集めて障害のあるスタッフの業務とするためのポイントをいくつかあげます。

研修資料など大量印刷・発送の場合

印刷代行、発送代行とは、営業資料やチラシ、ダイレクトメールなどを代理で印刷・発送する作業です。

まずは、チラシや研修資料など大量印刷・発送の場合のポイントです。

◆印刷・発送依頼シートを作る

- 印刷や発送を依頼したい部署のスタッフは、依頼シートに発送先や印刷物の情報を入力します。
- 印刷設定：カラー、白黒、A4、A3、両面、片面、印刷枚数
- セット方法：クリアファイルに入れるのか、ホッチキス止めか、三つ折りするのか　など
- 発送方法：普通郵便、速達、ゆうパック
- 宛名：宛名印刷する場合はリストを準備

印刷物はPDFでもらいます。Wordなどのままだと、ツールの開き方によって適切に印刷されないことがあります。

また、**PDFファイルのタイトルに印刷設定を記入してもらうことで、印刷方法の間違いが少なくなります。**1部だけ印刷見本を依頼時にもらってもよいでしょう。

印刷・発送依頼シート（記入例）

作業	依頼日	納品期日	チーム名	フルネーム	納品場所	PDF格納先・郵送物	備考欄
発送	7/8	7/12	人事	フロレ　花子	発送	7/9の9時頃に持参します	梱包：プチプチで巻き、段ボールに入れてください 発送先：住所××　××様 電話番号：×× ※平日の午前中着希望
印刷	7/9	7/19	経理	フロレ　太郎	手渡し	http://〜	印刷物は三つ折りしてください

◆ PDFファイル名の例

【チーム名 _ 納品場所 _ 依頼者名】資料名 _ 印刷情報 _ ○部 .pdf

［記入例］このように記入します

【人事 _ 部署ロッカー _ フロレ花子】入社案内 _ オールカラー _A4_ 両面 _ ステープラ左上 _3部 .pdf

請求書など定期的な印刷・発送の場合

◆作業マニュアルに必要なもの（例）

- 発送作業をする日（毎月1日、毎週水曜日など）
- 印刷方法
- 同封物の置き場所
- ツールの使い方（ツールから発送物を印刷する場合）
- 発送物の最終チェック者　など

◆宛名と封入物のチェック方法

個別に送る先が違うので、宛名と封入物が間違っていてはいけません。「間違いがないか（一致しているか）」の確認にも、ひと工夫します。**あらかじめ付箋に宛名と封入物をメモしてファイルに貼り、その中に印刷したものを入れていくことで間違いを防ぎます。**宛名と封入物に間違いがないか、印を付けてチェックをしていくのにも利用します。

印刷設定をマニュアルに記載する

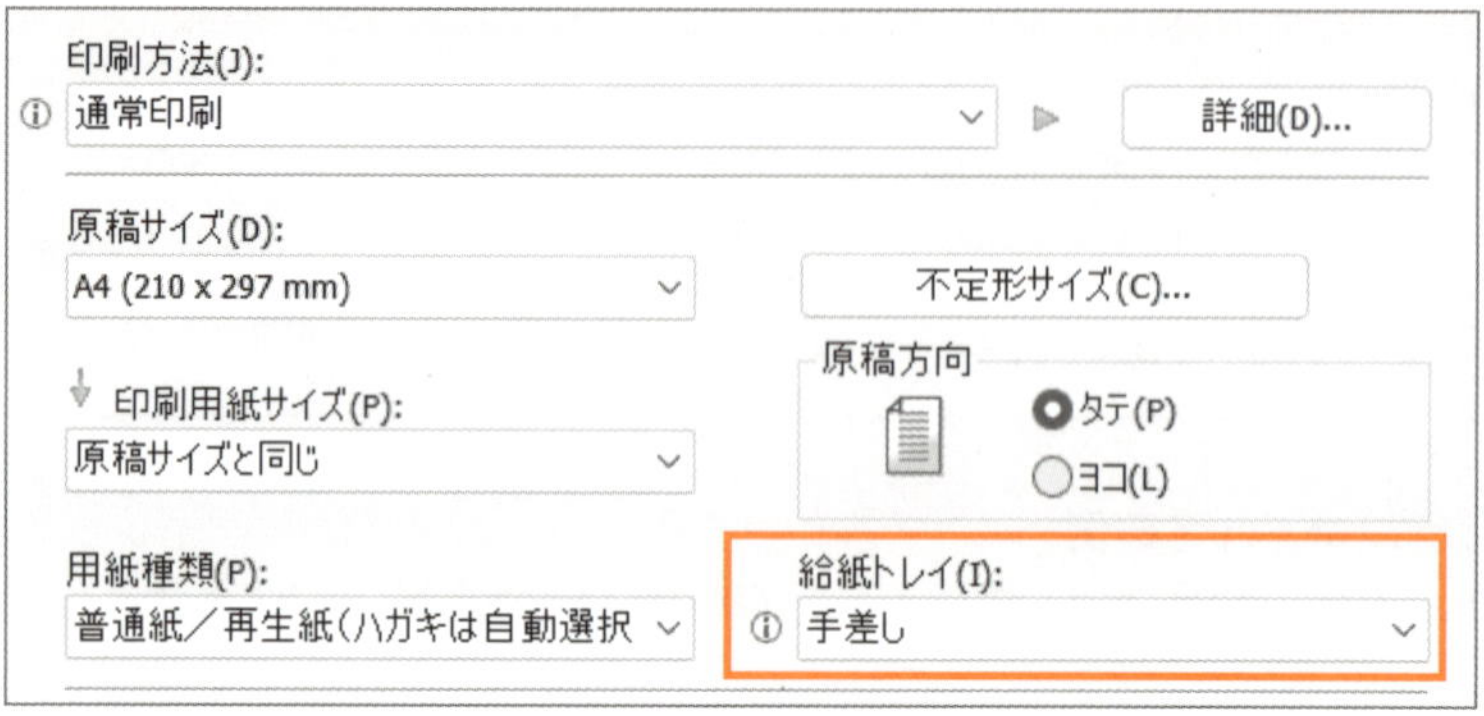

複雑な印刷設定も、マニュアルに残しておけば楽に設定できます。

付箋を利用して間違いがないかをチェック

送付先と送付内容を付箋に書き、別の人に
ダブルチェックをしてもらうことで、送付間違いを防ぐ

第4章

6 清掃業務（オフィス編）

自社のオフィスの清掃を、障害のあるスタッフが行うときのポイントを紹介します。

掃除道具選びが一番重要

清掃は誰が行っても大変です。体力面もそうですが、オフィスは「キレイで当たり前」と思われますので緊張感もあります。まずは、サポートする側が「毎日、自分でもできそう」と思えるぐらい、効率的に行いやすい手順でキレイにできるように仕組み化することが必要です。

◆掃除道具を選ぶ

清掃道具は、障害のあるスタッフでも使いやすいように、手入れが簡単で手軽に使えるものを準備します。

- スタンド式のコードレスタイプの掃除機
- 床を拭くためのフローリングワイパー
- 机を拭くためのウエットティッシュ

マニュアルとチェック表を作ろう

掃除のレベルは人それぞれです。「会議室に掃除機をかけてね」と言われた場合、椅子を動かして掃除する人もいれば、椅子は動かさず、隙間だけに掃除機をかける人もいます。

誰がやっても一定のレベルを保てるように「椅子を動かしてから掃除機をかける」などの手順をマニュアルに書きましょう。また、掃除機のゴミパックの替え方など、掃除道具のメンテナンス方法も必要です。

清掃スケジュール＆チェック表

時間の目安	作業場所	作業内容	備考	チェック
出勤したら		勤怠申請、手を洗う、事務室と保育室に挨拶		
9:00〜9:30	廊下	掃除機かけ	金曜日にゴミパックを替える	
9:30〜10:00		床のモップかけ	モップのシートは両面使用し×1フロアで2枚取り替える	
10:00〜11:00	事務室 更衣室	エアコンフィルターの掃除（2台分）		
11:00〜11:30	トイレ	掃除機かけ、床のモップかけ	トイレ利用者が来たら、清掃をストップして、トイレを使ってもらう	
11:30〜12:00		便器、洗面台、手すり等拭き掃除、ゴミ捨て		
12:00〜13:00	昼休憩		12時までに作業が終わらなかった場合は、スタッフに終わっていない箇所を伝えてから休憩に入る	

掃除はなぜ必要なのかを伝える

汚れているオフィスでは、よい仕事はできません。「障害のあるスタッフの仕事を増やすために、清掃をやってもらおう」と安易に考えるのではなく「誰がやっても大変な清掃をどうしてやらなければいけないのか」「清掃業務は、営業が契約をとってくることや、人事が採用活動で誰かを採用することと同じだけ、会社に貢献する仕事であること」を、最初に説明し理解してもらうことで、使命感をもって業務をしてもらいます。

第4章

7 清掃業務（施設編）

会社が運営している施設の清掃を、障害のあるスタッフが行うときのポイントを紹介します。

職場実習で実際の清掃業務を体験する

オフィス編で紹介したような、1日に1～2時間オフィスの清掃をする程度であれば、障害のあるスタッフの得意・不得意はあまり関係なく業務遂行できるかもしれません。しかし、企業が運営している施設（保育園や福祉施設など）や、オフィスでも清掃を1日中、または週何日も行うことになると、そのスタッフに「長時間の肉体労働でも継続できる体力や精神力があるか」など、清掃業務の適性があるかを確認する必要があります。

採用前の面接で「コツコツとした清掃業務が可能であるのか」「週に何日ぐらいであれば従事できるのか」を確認した上で、可能であれば、採用前に清掃業務の職場実習を行うことで、業務イメージに乖離がないようにします。

フローレンスの場合も、運営している保育施設の清掃を障害のある複数のスタッフが行っていますが、スタッフの適性に合わせて、週1日から4日の清掃業務を事務作業と組み合わせて担当してもらい、属人化とマンネリ化をしないように工夫しています。

作業が遅れていても必ず休憩はとる

障害特性によっては、業務に没頭しすぎて作業時間や休憩を忘れてしまうことがあります。特に清掃のように個人で何時間も行う仕事は、トイレに行くのも忘れがちになります。事務作業でも休憩は必要ですが、**清掃作業では必ず休憩時間を決める必要が**

あります。

たとえば、10時に業務を開始したら、12時のお昼休憩、15時のおやつ休憩と2時間おきぐらいに休憩が取れるように組みます。タイマーなども使いながら、清掃が途中でも中断して休憩室などで休めるようにします。

施設スタッフにもサポートを依頼する

障害のあるスタッフが清掃でわからなくなったときに聞いたり、指導してくれるように、施設スタッフにもサポートをお願いしておく必要があります。すでに清掃の流れはできているかもしれませんが、障害のあるスタッフが行いやすい方法にカスタマイズすることも必要です。

また、午前や午後の業務終了時には、チェックリストなどを使って、施設スタッフへの作業の報告時間を設けます。孤独になりがちな清掃業務ですが、1日に何度か報告の時間を設けることで、コミュニケーションが円滑にとれるようになります。

事務と清掃を組み合わせた業務スケジュール（例）

曜日	午前	午後
月	A施設の事務	B施設の清掃
火	C施設の清掃	
水	本社の事務	
木	本社の事務	D施設の清掃
金	A施設の事務	B施設の清掃

第4章

8 名刺・ポスター・チラシ作成

名刺やポスター、チラシ作成は、障害のあるスタッフの業務として取り入れやすいものです。業務化するポイントを紹介します。

名刺作成のポイント

「名刺を社内で印刷するなんて、専用プリンターがないと難しいいんじゃやない?」と思う人も多いかもしれませんが、最近は外注と変わらないレベルの印刷が、オフィスの複合機で可能です。

複合機で印刷できる名刺用紙には、パッケージに名刺デザインのテンプレート情報が記載してありますし、ネットで「用紙のメーカー名+品番+テンプレート」(例:エーワン 51871 フォーマット)を検索すると、Wordなどのデザインフォーマットが出てきます。一番おすすめなのは、用紙を発売しているメーカーが提供している、Web上で作れる無料作成ツールです。

ツールを利用すれば、デザイン力がなくても様々なテンプレートから選んで入力するだけですぐに作れます。

フローレンスでも、社員から名刺印刷の依頼を受けると、障害のあるスタッフがツールを使って印刷し、当日には社員のロッカーに納品しています。

ポスター、チラシ作成のポイント

無料ツールで社内の掲示ポスターを作ってみましょう。

「ゴミは分別してください」「社員総会のお知らせ」など、スタッフにお知らせしたり、啓蒙するポスターを作ることも可能です。

デザイン力がなくても様々なテンプレートから選んで入力するだけで楽に作れます。

他にも、デザインサイトやツールはいろいろありますので、使いやすいものを見つけましょう。

◆デザインサイト、デザインツール

- キヤノン　デザインサイトポスター・アーティスト
- シャープ　POP作成サービス
- リコー　プリントアウトファクトリー
- ビジュアルツールキット　Canva（キャンバ）

オフィスの複合機での名刺作成例

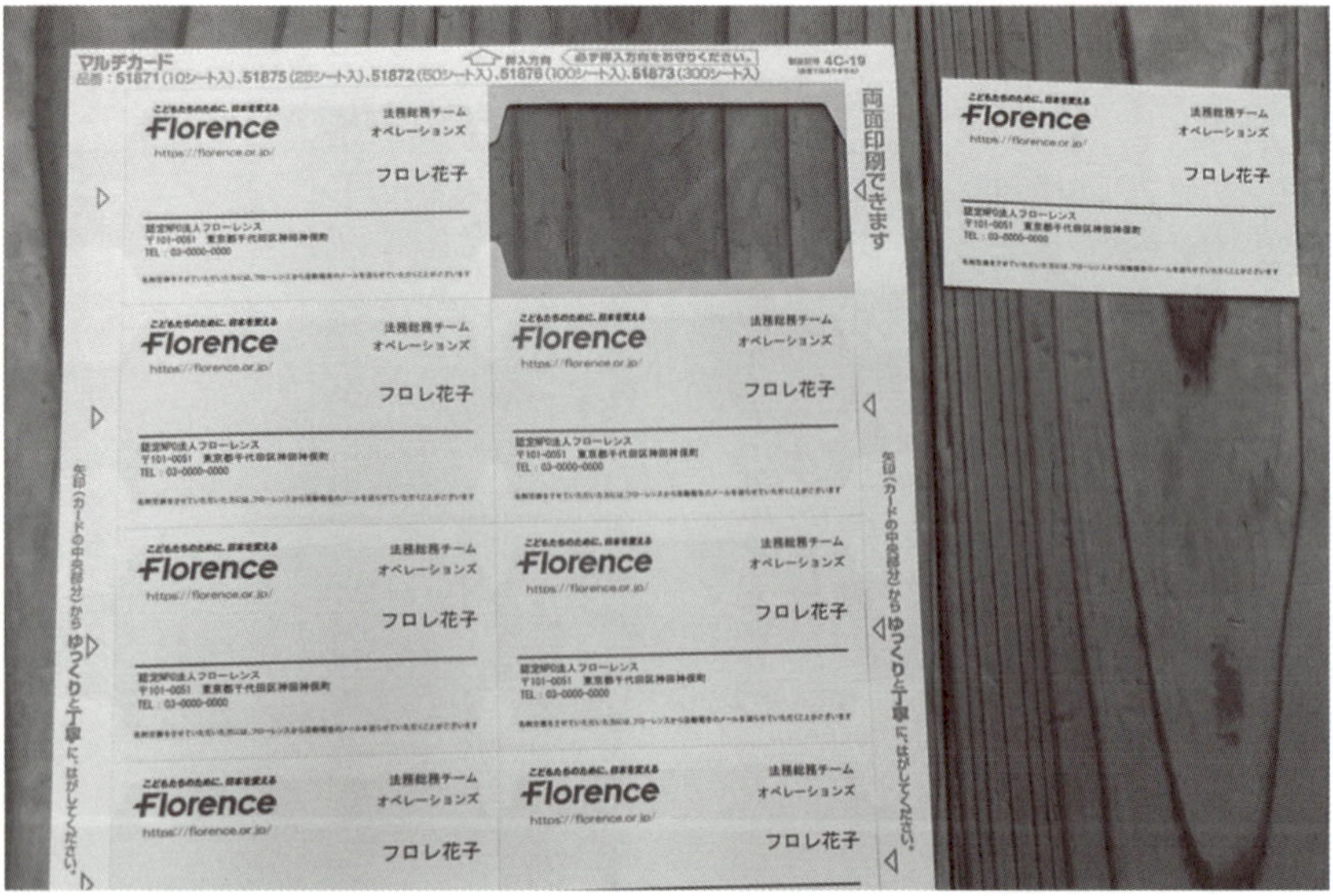

第4章

9 リマインド代行

リマインド代行とは「参加必須の研修」「年末調整の提出」など、実施するのを忘れている人に実施依頼のリマインドを代行する作業です。業務化するポイントを紹介します。

「リマインド代行」とは?

「パソコンのアップデート」「参加してほしい研修」など、職場には全スタッフに実施してほしいことが多くあります。

必ず実施してもらう必要があるため、担当者は何度もリマインドします。このリマインドには案外ストレスがかかるものです。

そこで、障害のあるスタッフが、各部署から「リマインド業務」を請け負います。一斉送信ではなく、スタッフから個別にリマインドします。「個別に来たから重要だな、今すぐやろう」となることが多いからです。

「リマインド代行」作業の流れ

「動画でセキュリティ研修を受講していない人にリマインドする」を例に、作業の流れを説明します。

①リマインドリストから対象者を見つける

研修を受講したスタッフは受講終了のテストに回答します。テスト未回答者（研修未実施者）がリストに自動的に反映されます。

②リマインドの文面を送る

リマインド担当者は、リストに掲載された人に社内ビジネスチャットでリマインドを送信します。リマインドのテンプレート文面があるので、リマインド担当者はこれをコピー&ペーストするだけでメッセージを送信できます。

問い合わせ対応のルール

リマインドした人から質問が返ってきてしまう場合があります。障害のあるスタッフはイレギュラー対応が難しい場合がありますので、**事前にルールを決めておく**ことをおすすめします。

たとえば「想定される質問の回答をまとめておく」「リマインド担当者が返信せず、質問があった場合はリストの備考欄に入力する（後で部署担当者が返信する）」など、問い合わせを受けた場合のルールを決めておくと、迷わずに作業ができます。

結果のわかりやすい作業でやりがい抜群

リマインド業務は、依頼部署から「受講率が上がりました」と感謝されます。結果のわかりやすい業務は達成感を感じやすく、障害のあるスタッフの自信にもつながります。さらに、リマインドをきっかけに障害のあるスタッフを身近に感じてもらえ、後日、社内で交流が始まる場合もあります。

リマインド文面（例）

10/24〜10/27 リマインド用文面

10月23日時点で「セキュリティ研修」が未完了の方へのリマインドです（返信不要です）。
※オペレーションズが代理投稿しています。

今回のセキュリティ研修は10月末までに【全スタッフ必須】の研修になります。
※直近に受講完了となった方には本メッセージが届いてしまっていると思いますが、ご容赦ください。
早めのご受講をお願いします。

【＜＜※注意：テスト受講完了で「研修受講完了」とみなす仕組みになっています＞＞】

・受講はこちらから
https://・・・・・・

※研修についての質問はこちらまで。情報システムチーム　info＠・・・・

第4章

10 スケジュール・シフト登録

ツールを使ったスケジュール登録やシフト登録を、障害のあるスタッフが行うときのポイントを紹介します。

シフト登録とは?

障害のあるスタッフは、シフト作成や調整をすることは難しくても「シフトを登録する前の準備」や「決まったシフトをツールに登録する作業」などを担当することは可能です。

フローレンスではサイボウズのスケジュール管理ツール「Garoon」を使っており、他部署のシフト担当者が作成したシフトを、障害のあるスタッフが代理登録しています。決められた業務をコツコツ行うことが得意なスタッフにとって、シフト登録の作業は安定した仕事になります。

◆作業例

- 「早番」「遅番」などを、チームメンバーの順番通りに登録する
- スタッフのお休みの「希望」を、調整メンバーが確認した後に「確定」に変更する
- 「在宅（テレワーク）」「出社」の共有の枠だけを登録しておく

シフト登録は細かく根気のいる作業ですが、障害のあるスタッフが行うことで、シフト管理の担当者はシフト調整に専念でき、シフト管理に要していた時間が短縮され、効率化ができます。

スケジュールの代理登録をする

複数の参加者の空き時間を調べたり、会議室を押さえたりなど手間がかかるスケジュール登録も、情

報さえまとめておけば、障害のあるスタッフでも登録することができます。このような情報を障害のあるスタッフに伝えて、スケジュール登録をしてもらいます。

◆その他、可能な依頼例

- 「部署異動してきたスタッフや、入社したスタッフ」を定例ミーティングのスケジュールに追加する作業
- 「部署異動したスタッフや、退職したスタッフ」をスケジュールから削除する作業

◆スケジュール登録応用例

- 利用者から入力フォームで利用申込があったら、全体スケジュールに利用時間の反映をする
- 外部会議室のWebサイトで会議室の空き状況を確認し、予約を行う
- イベントの出欠確認メールを元に、参加者をスケジュール登録する

スケジュール登録依頼例

この内容でスケジュール登録をお願いします。

【タイトル】広告定例／××代理店××様
【プルダウン項目】来訪
【参加者名】フロレ太郎
【共有先】フロレ花子
【設定頻度】毎月1回
【設定期間】2025年3月まで
【必要時間】45分
【会議室】5人以上の部屋を確保（ない場合は4人でも可）
【メモ欄記載希望事項】

第4章

11 ツールチェック

ツールやシステムに入力が正しくされているかどうか確認を行う「ツールチェックのお仕事」は、障害のあるスタッフが行いやすい作業です。ポイントをいくつか紹介します。

ツールチェックとは？

スケジュール管理ツール、経費精算ツール、勤怠管理ツールなど多くの業務がシステムツールで管理されています。経費精算ツールであれば、入力された金額が正しいかどうかのチェック作業をツール上で行うことになります。

また、ツール上で更新された情報をチェックし、更新されていれば報告するなどの作業もあります。

決められた業務をコツコツ行うことが得意なスタッフにとって、ツールチェックの作業は安定した仕事になります。

NG例を図と言葉でわかりやすく伝える

「シフトに間違いがないかチェックする作業」を例に紹介します。

フローレンスの障害者雇用チームでも、他部署からツールチェックの作業を請け負っています。

チェック業務で大切なのは、どのような状態がエラーで報告が必要なのか、「チェックするポイント」がわかりやすく書いてあるマニュアルを作ることです。

たとえば、次ページの図は「午前から午後まで予定が入っているか確認して、予定が入っていない状態の場合は報告する」作業ですが、マニュアルにはNG例を図と言葉で記載しています。

ツールチェックのお仕事はどこの部署にもありま

す。

たとえば、広報が行うWebメディアやSNSの運用では多くのデータを扱うため、このようなツールチェック作業があります。

- アクセス解析ツールを使って、Webサイトの定常的な数値をチェックする
- SNSの分析ツールを使って、投稿ごとのエンゲージメント率やシェア数などを更新する
- 同業他社のWebメディアやSNSの投稿頻度をチェックする
- 検索エンジンの掲載順位をチェックする

ルールが決まっているチェック作業や更新作業を洗い出し、障害のあるスタッフの切り出し業務にしてみましょう。

チェックのマニュアル例

9月1日(月)	9：00～12：00 受付業務	昼休憩	13：00～16：00 事務作業	16：00～18：00 清掃作業
9月2日(火)	9：00～12：00 受付業務	昼休憩		
9月3日(水)	9：00～12：00 受付業務	昼休憩	13：00～16：00 事務作業	16：00～18：00 清掃作業

NG例

午後(または午前中、もしくは1日中)に予定がない

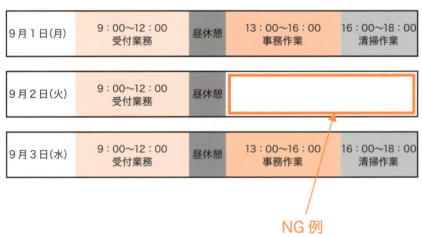

第4章

12 スキャニング、ファイリング、データ入力

ファイリングやスキャニング、データ入力作業は、障害のあるスタッフが行いやすい作業です。業務化するポイントを紹介します。

スキャニングとファイリング

スキャニングは、紙の書類を複合機などでスキャンしてPDF化し、保存する作業です。PDFがちゃんと取り込まれているかチェックする工程が必要です。

ファイリングは、紙の書類を保存しておくために、ファイリングして保存する作業です。保管期限が切れた不要な書類を処分する作業では、すぐに書類を破棄するのではなく、保管期限のダブルチェックも必要です。

◆依頼シートを準備する

全社からスキャンやファイリングの依頼を受ける場合は、スプレッドシートなどで作った「依頼シート」にファイルやPDFの格納先を入力してもらうことで、作業管理がしやすくなります。

データ入力

手書きで書かれたアンケート内容などをExcelやWordなどに入力してテキストデータ化する作業です。「読めない文字や、読めない漢字があるときはどうする」などを事前にルール化します。入力後は正しく入力されているかチェックも行います。

◆文字入力を効率的に行う方法

- 入力フォームから文字入力する

スプレッドシートやExcelは入力作業でキー

ボードの「Enter」キーを多く使います。しかし、障害で両手をうまく動かせず、タブレットのタッチ操作で入力する人は「Enter」を押すのに時間がかかります。

そんなときは「Enter」キーを使わずに入力できる、Googleフォームなどのフォーム入力に変更にすると効率的に入力できます。

●テキスト認識表示で文字入力する

機種やOSのバージョンにもよりますが、スマートフォンやタブレットにはカメラを利用してテキスト認識ができるものもあります。カメラを起動させて文字が書かれた紙などを写すと、文字をテキストとして認識し、デジタルデータ化されます。実際とは異なる文字として認識される場合もあるため、確認と多少の修正は必要ですが、テキストのデータ化が効率的に行えます。

ファイリング・PDF化・ダウンロード依頼シート（記入例）

作業完了	作業内容	依頼日	納品希望	チーム名	フルネーム	ファイル	PDF格納先	備考欄
完了	PDF化後にファイリング	7/8	7/12	人事	フロレ　花子	人事棚	http://～	PDF化してもらいたい紙は7/9の9時頃に持参します
	ファイリング	7/9	7/19	経理	フロレ　太郎	経理棚	http://～	ファイリングしてもらいたい紙は××さんへお渡し済みです
	ダウンロード	7/9	7/19	人事	フロレ　花子	ー	http://～	いつものように、××サイトのマイページにログインして領収書を格納してください

第4章

13 他部署で働く

障害のあるスタッフが他部署で作業するときには、他部署の担当者から本人へレクチャーを直接してもらう必要があります。気をつけておきたいポイントをお伝えします。

サポート担当者はアドバイスに徹する

他部署からの切り出し作業を請け負った場合は、マニュアル作成やレクチャーも障害のあるスタッフのサポート担当者が行うことが多いですが、作業するスタッフを他部署に派遣する場合は、本人へのレクチャーも派遣先の部署の実務担当者が行うことが多いです。

気をつけておきたいのは、想定していた作業が進まなかったときの対応です。**サポート担当者はアドバイスはしますが、必要以上に関与しないようにします。**関与してしまうと、実務担当者からのナチュラルサポート（同僚などからの障害のあるスタッフへのサポート）が薄くなってしまうからです。

自己紹介カードを書こう

障害のあるスタッフを派遣する場合は、スタッフの特性やサポートしてほしいことを伝えるために、障害のあるスタッフが自分で書いた「自己紹介シート」を実務担当者に見てもらう場合もあります。

自己紹介カードは障害のあるスタッフだけでなく、サポート担当者も書いています。障害のあるなしにかかわらず、苦手なことやサポートしてほしいことは誰にでもあるからです。

ケース紹介：清掃の順番を変更する

月曜日の清掃順
スタッフ用トイレ＋こども用トイレ
トイレの手洗い場と床
更衣室と相談室と入口（床掃除）
相談室のシンク、手洗い場、テーブル
正面玄関入口
室内入口

火曜日の清掃順
スタッフ用トイレ＋こども用トイレ
トイレの手洗い場と床
正面玄関入口
室内入口
更衣室と相談室と入口（床掃除）
相談室のシンク、手洗い場、テーブル

他部署に派遣したスタッフ（清掃作業の経験なし）に対し、「丁寧だけれど効率よく清掃ができず、最後のほうの清掃箇所が掃除できない」との相談が寄せられた際の対応です。

サポート担当者は、「清掃の順番を曜日ごとに変えれば、週を通じて清掃漏れがなくなるのでは」と他部署の実務担当者にアドバイス。実践の結果うまくいくようになりました。

自己紹介カード

自己紹介カード

- 一緒に仕事をしていく中で、他のメンバーにサポートしてほしいこと
- 自分で努力していること
- 趣味や好きなこと

第4章

14 来客対応

接客は様々なお客さまへの対応を求められるから、障害のあるスタッフには難しそうだと思っていませんか？　障害があっても行えるポイントを紹介します。

準備や片付けなどの来客補助業務を行う

来客対応が難しいのは、来客者の質問に答えたりイレギュラーなことがあったときの対応です。そこで、質問やイレギュラーなことには別のスタッフが対応し、**障害のあるスタッフは来客準備や来客後の片付けなどの対応を専門に行います。**

飲み物を提供する（お茶出し）方法

来客対応の定番に「お茶出し」があります。日本茶を急須で淹れるだけでなく、給茶機を利用したり、ペットボトルのお茶を出す職場も多いでしょう。障害のあるスタッフに「お茶出し」の業務を依頼する場合は、何度か練習が必要です。

◆飲み物提供の仕方（例）

- ドアを3回ノックし、会議室に入ったら「失礼します」と一礼する
- 「失礼いたします」と言いながら、上座（出入り口から一番遠い席）のほうからお配りする
- お盆を脇に抱え、一礼して退出する
- お客さまが帰られた後には片付けをする（コップやペットボトルの処分、机やお盆の消毒）

社内カフェの運営

フローレンスには、毎日15時から15分程度の休憩時間があり、障害者雇用チームのスタッフが、本部スタッフにコーヒーを提供する社内カフェ運営業務を請け負っています。

コーヒーや紅茶を提供しながら、業務で関わることがないスタッフとコミュニケーションをとることで、楽しさを共有したり、他部署からの切り出し作業のきっかけになります。

運営業務は、コーヒーメーカーを使ってコーヒーを作り、お菓子の準備をし、休憩に来たスタッフに紙コップで飲み物を提供し、片付けまで行います。

遠隔での接客も増えている

リアルな対面での接客が難しい身体障害や精神障害では、遠隔コミュニケーションロボットや、アバターロボットを使った接客も増えています。

パソコンなどで遠隔操作できるロボットやアバターを使い、難病患者や重度障害者などの移動困難者がリモートで「接客」します。たとえば、遠隔コミュニケーションロボット「ＯｒｉＨｉｍｅ（オリヒメ）」（https://orihime.orylab.com/）などがあります。

来客対応補助者の1日のスケジュール例

9時：開館前の玄関掃除
10時：折り紙で季節の飾り物作成
11時：トイレ掃除、空室の掃除機かけ
12時：お昼休憩
13時：シュレッダーなどの事務作業
14時：折り紙で季節の飾り物作成
15時：トイレ掃除、空室の掃除機がけ
16時：閉館後、紙の利用者カードのWeb登録

適宜行うこと

・利用者が来たらお茶を出す
・利用者が帰った後に、ネックストラップ、ドアノブ、手すりなどの消毒
・新規施設利用者の登録証の作成

第4章

15 案内係の仕事

施設などを利用する人に、設備の使い方や決まりごとを伝える「案内係」の仕事があります。障害のあるスタッフが案内係をしている事例を二つ紹介します。

ケース1　オフィス見学ツアーの案内係

フローレンスでは、来訪者にオフィスを案内する「オフィス見学ツアー」の役割を、障害のあるスタッフが担当しています。

「案内板」を使って15分でオフィスを案内します。案内板は紙芝居のような形式で裏面にセリフを書いておき、読み上げられるようにしておくことで、暗記の必要がなく統一した内容で案内できます。

ツアーをはじめたきっかけは、フローレンスの障害者雇用チームの視察が増えたことでした。組織概要やオフィスの説明、障害者雇用チームの紹介、自分の1日のスケジュールを説明し、最後は質問も受け付けています。

視察される皆さんに共通の「フローレンスの障害のあるスタッフはどんな仕事をしているんだろう？」という疑問に、短時間かつ具体的にお応えできる取り組みになっています。

今では、障害者雇用の視察だけでなく、インターンの学生や一般向けのイベントなどでも見学ツアーを担当しています。

ケース2　社員向けオフィスツアーの案内係

フローレンスの本部オフィスでは、入社者や産育休などの復職者向けに、オフィスの使い方や、郵便物の出し方、備品の置き場などを伝える「社員向けオフィスツアー」を定期開催しています。

その案内役を、障害のある総務のスタッフが担当します。オフィスのことをまとめたマニュアルを見せながら説明していきます。

- オフィスの防災情報マップを説明する
- 入室や最終退出方法を説明する
- 落とし物をしたり、見つけたときの対応方法を説明する
- 備品の借り方・返却方法を説明する
- 会議室の予約方法を説明する

後日、オフィスで困ったことを気軽に聞ける関係性が作れて、ツアー担当者、参加者の両者にとってプラスの施策となっています。

「オフィス見学ツアー」で使用する案内板

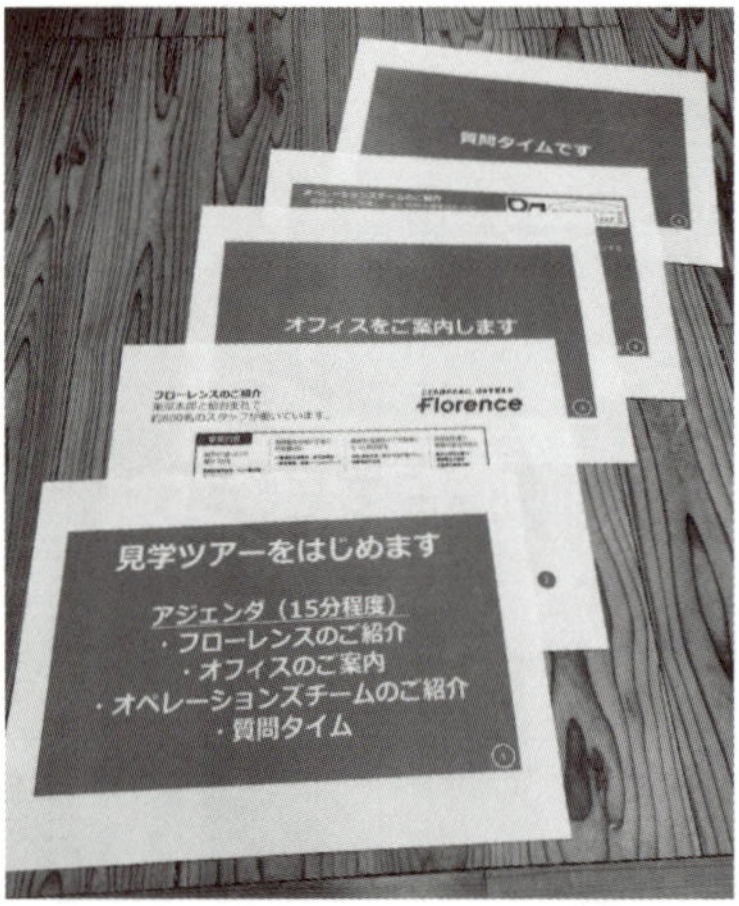

「オフィス見学ツアー」で使う案内板（表面）

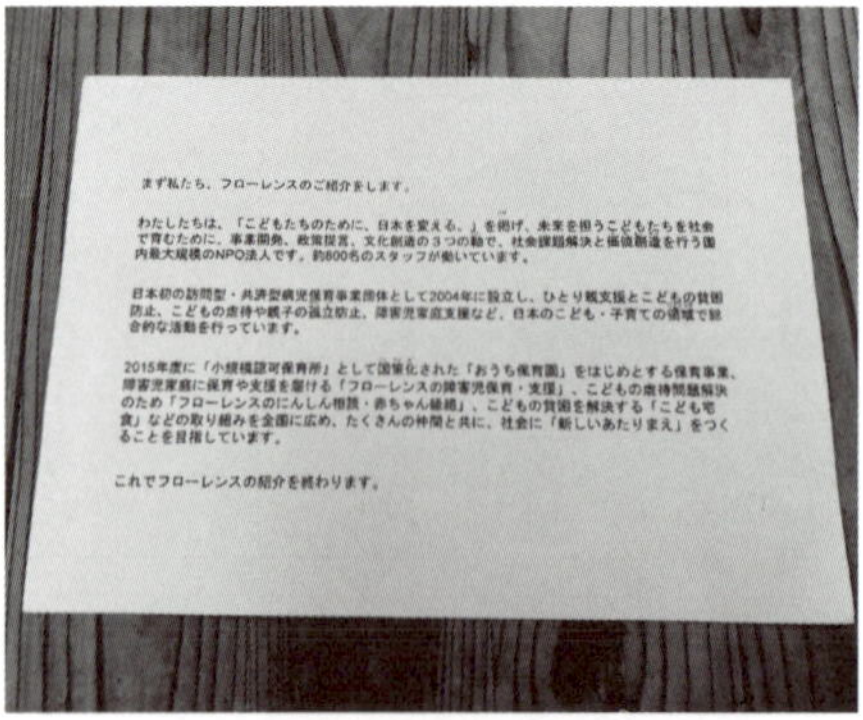

フローレンスの事業などについて紹介する、案内板の裏面原稿

第4章

16 外出を伴う仕事

障害のあるスタッフが交通機関などを使って外出をして、他の場所で作業するときのポイントを紹介します。

マニュアルを作る

外出経路や交通機関の利用方法のマニュアルが必要です。どの沿線を使うのか、駅ではどの出口から出るのか、道順などを詳細にマニュアル化します。

障害者手帳の種類によっては公共交通機関が割引になるので、確認しておくと交通費の精算時に役立ちます。また、長距離を移動する場合は体力も消耗するため、清掃などの体力仕事の場合には、現地に到着後10分程度休憩する時間をとって作業を開始することも検討してください。

外出レクチャーをする

障害のあるスタッフによっては一人で外出した経験が少なく、外出に慣れていない場合が多いので、マニュアルができ上がったら、レクチャー担当者と障害のあるスタッフが一緒に目的地までの経路を確認するとさらに安心です。

◆外出レクチャーの流れ

- 外出レクチャー前の確認
- 外出レクチャー1回目、2回目
- 外出レクチャー振り返り

実際に外出レクチャーをする前に、マニュアルを見ながら外出の流れやどんなトラブルが予測されるかをオフィスで確認しておきます。その後、1回目の外出レクチャーでは、マニュアルを見ながら、目的地までの経路を一緒に歩きます。

2回目の外出レクチャーでは、障害のあるスタッフが自身の判断で行動できるか、サポート担当者は後ろからついていきながら見守ります。**レクチャー後には、振り返りを行います。**「道に迷ったらどうしますか?」「電車が遅延したらどうしますか?」など、繰り返しシミュレーションすることで、実際にトラブルがあったときにも落ち着いて対応できます。

◆トラブルの対応方法の確認

- 道に迷ったときやトラブル時に連絡する電話番号を登録する
- 電車遅延のときは遅延証をもらう。出勤先に遅刻を連絡する
- 何時何分の電車に乗るかメモをしておく

郵便局、銀行、区役所などへの外出

郵便物発送、通帳記入、公的資料の受け取りなどで外出することもあります。

フローレンスには「フローレンスのチラシを置いていただいている公的施設にチラシを補充に行く」仕事があります。マニュアルには道順などの記載とともに、チラシの補充手順もまとめてあります。

◆チラシの補充手順（マニュアルより）

①1F入口で管理人の方に挨拶をして、手に消毒液をつける
②4Fにエレベーターで上がり、左に進む
③「○○センター」の窓口の方に「フローレンスです。チラシの補充に来ました」と声をかける
※担当者の方は○○○さんです。
④チラシを補充する（折れたチラシは回収する）
⑤窓口の方に「ありがとうございました」と声をかけて帰る

外出マニュアル

○○施設に行くときの電車の乗り方

① 神保町駅で都営三田線に乗ります。
(西高島平方面4番線ホーム)

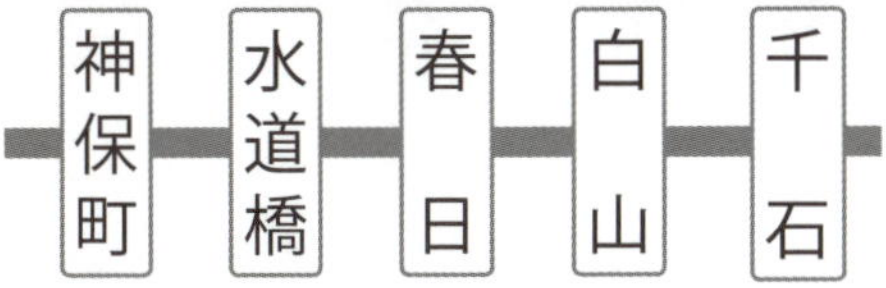

② 神保町駅から4つめの駅・千石駅で降ります。
所要時間は約7分です。

③ 千石駅ではA4出口から外に出ます。

A4出口を出たところ。右に曲がってまっすぐ行きます。

④ A4出口を出て右に曲がります。

第4章

17 「問い合わせ」への対応

「備品はどこにある?」「荷物はどう送るの?」など、総務には日々、全社から困りごとが集まります。障害のあるスタッフが問い合わせ対応をするポイントを紹介します。

社内受付テーブルを作って有人対応

市役所に行くと受付窓口がありますが、同じように社内に「受付テーブル」を作って問い合わせを集約します。

フローレンスにもあり、障害のある総務スタッフが当番制で座っています。全社で使う貸出備品の準備や貸出から、郵送物の受取・発送などの基本業務に対応しています。さらに「パソコンの充電器を忘れてきたので貸してくれませんか?」など、ちょっとした質問にも答えています。他の総務メンバーは自分の業務に集中でき、障害のあるスタッフも他部署のスタッフとのコミュニケーションが活発化し、受付以外でも挨拶を交わしたり立ち話ができるようになりました。

問い合わせフォームで質問を切り分ける

「イベントで使うケータリング会社を教えてほしい」など、受付テーブルですぐ回答できない相談も総務には数多く寄せられます。そんなときのため、**問い合わせフォームを作るのがおすすめです。**

フローレンスの総務チームでは、キントーン（kintone※サイボウズによるクラウド型業務アプリ開発プラットフォーム）と連携できるWebフォーム作成ツール「フォームブリッジ」で作ったお問い合わせフォームを使っています。

お問い合わせフォームがあることで「**質問の切り分け**」ができるようになりました。たとえば、「通常のルールがあり、よく受ける質問」は受付テーブルで障害のあるスタッフが答えて、「ルールがなく、時々しか受けない質問」は、「お問い合わせフォームにお願いします。後で他のスタッフが答えます」と伝えればよいので、障害のあるスタッフでも安心して対応が可能です。

問い合わせ窓口を見える化する

どんな職場にも、職場特有のルールや部署の役割があり複雑なものです。そこで、問い合わせ窓口表を作り、社内受付の入口の壁に張り出しました。障害のあるスタッフが対応に困ったときに、この表を元に回答することができます。

障害の有無にかかわらず、組織のルールやチームの役割を一覧化して見える化することは、問い合わせにかかるコストの削減や、問い合わせのために考える時間を手放すために必要です。

総務業務を中心とした問い合わせ窓口表

備品を受付で受け取る＆借りる

依頼ごと	対応
借りる	→Garoonで予約後、受取 モバイルWi-Fi／PC／PCAdobe 号／外付DVDプレーヤー／ACアダプター／Webカメラ／スピーカーフォン／Bluetoothスピーカー／プロジェクター／レーザーポインタ／脚立／サインペン／色鉛筆／マーカーペン／デリゲーションポーカー／バインダー／カラーバリューカード
受け取る	→受付フォーム後、受取 レターパック／年次報告書／フロレコイン／団体チラシ／押印
セキュリティキーを借りる、最終退出する、土日祝にビルへ入館する	→別紙を見る
不明郵便や落とし物を受け取る＆届ける	→そのまま受付へ

会議室の予約＆イベントをする

依頼ごと	対応
会議室を予約する	→Garoonで予約 6F会議室は、来客あり（オンライン、面接含）でのみ利用OK ※前日と当日に空きがあれば、来客なし利用もOK ※会議室名はTeachme Bizで「フロアガイド」で検索
イベントをする	6F→総務フォーム ※音響やレイアウト変更相談→Factory依頼フォーム 希望（会議室）、カフェ、ステージ、全フロア、土日祝や平日18：00以降利用時 外部→外部会議室アプリで会場探し

荷物の発送＆受け取り

依頼ごと	対応
宅配荷物を受け取る	→受付へ
郵便＆荷物を送る	→別紙を見る
着払いや大型の荷物が届く	→受付フォーム
園への発送や複数個発送	→依頼フォーム

IT系で困った

依頼ごと	対応
携帯＆PC返却	→総務フォーム後、受付持参
PC交換、通信制限解除、携帯付与、デバイス故障	→総務フォーム
ITツールの利用方法が知りたい、本部共通パスワードが知りたい、アップデートしたい	→システムポータルで確認

名刺、デザイン依頼、告知をしたい	
依頼ごと	対応
デザイン依頼したい	→Factory依頼フォーム
名刺＆名札＆テプラ	→Teachme Bizで「名刺印刷」「名札印刷」「テプラ」で検索
ロゴ使用＆公式サイト・SNSの告知	→広報チームへ

人事、法務、経理への問い合わせ	
依頼ごと	対応
勤怠、給与、人事制度、評価、労災、就業規則、休職、退社、証明書の発行	→人事(HR) チームへ
楽楽精算申請、旅費交通費、立替経費申請、クレカ申請、支払依頼申請、売上申請	→経理チームへ
代理申請依頼	→依頼フォーム

知ってほしい、解決したい	
依頼ごと	対応
事務局全スタッフに知ってほしい	→【公式】事務局全体CWで投稿
協力のお願いや雑談など	→全社雑談スレCWで投稿
解決したい困りごと	→全社ヘルプスレCWで投稿

総務フォームへ問い合わせ
・神保町オフィス管理　・消耗品　・インテリア　・備品　・寮、不動産　・郵便計器・配送　・静脈認証登録　・購買(Amazon、アスクル)・外部倉庫、地下備品保管　・粗大ごみ＆不用品の処理　・ロッカー　・自動販売機　・常備薬

第4章

18 総務系の雑務

総務部門の仕事は細かい作業が多いですが、フローをまとめることで障害のあるスタッフも無理なく行える定型業務となります。業務化のポイントを紹介します。

「いつ、何をやるか」を見える化する

フローを作るために問題を洗い出し、業務の整理を行い「いつ、何をやるか」を決めていきます。

◆ケース①掲示物の管理

以前のフローレンスでは、オフィス内のいろいろなところにポスターなどの掲示物が貼られていました。1年以上貼られているポスターもあり、掲示時の依頼者や掲載期間などの情報が集約されておらず、剥がし忘れも発生していました。

そこで、問題点を洗い出しました。

- 掲示する場所が決まっていない
- 掲示する期間が決まっていない（剥がせない）
- 誰から掲示を依頼されたかわからない

問題を解決するためにはどうすればよいか、業務整理をします。

- 掲示する場所が決まっていない→掲示する場所を決める（各フロアの入口のドアのみ）
- 掲示する期間が決まっていない→最長3か月に設定
- 誰から掲示を依頼されたかわからない→依頼者情報も残しておく

これらを実現するために、掲示物管理アプリを作成し、掲示物を貼りたい人に掲示物の情報を登録してもらうことにしました。

掲示物管理アプリへの登録例

掲示物管理アプリ

掲示物はオペレーションズが掲示します。下記に掲示物の情報を入力してください。

■申請状況：新規申請
■依頼者：システム部　フロレ花子
■掲示物名：セキュリティ講習受講のお願いポスター
■掲示物のPDF添付：セキュリティ講習受講のお願いポスター.pdf（2MB）
■掲示期間開始：2024-07-30／掲示期間終了：2024-10-31
※掲示期間は最大3か月です。延長したい場合は再度申請をお願いします。
■掲示枚数：3枚／用紙サイズ：A4
■掲示フロア：3階4階6階　掲示場所詳細：入口ドア
■備考欄：

障害のあるスタッフは「オフィスに掲示物を貼りたいのですが」と言われても、「アプリから登録してください」と伝えることができます。その場で対応せず、1日1回アプリを確認し、「新規依頼がきていれば貼り、期限がきたものは剥がす」ことで、計画的に業務に取り組むことができています。

誰にでもできるようマニュアル化する

いくつか工程が必要な総務業務も、マニュアル化することで誰でもできる仕事になります。たとえば、フローレンスの「**落とし物管理**」はこのようにマニュアル化されているので、誰でも対応できます。

◆ケース②落とし物管理マニュアル

①拾った場所を聞き取り、落とし物を受け取る
②落とし物の写真を撮影し、落とし物管理アプリに「拾った場所と写真」を登録する（保管期限を10日後に設定する）

③（アプリに登録すると連動して）全スタッフが入っているビジネスチャットに「落とし物通知」が届く
④落とし主が取りに来たら、アプリのフェーズを「持ち主受け取り済み」に変更する
⑤高価な落とし物は、鍵付き棚に入れておく
⑥落とし物管理担当者が不在時に届けられたものは、後でアプリに登録する。
⑦高価なもの（ワイヤレスイヤホンなど）は、保管期限が過ぎたら廃棄する前に写真を撮り、全スタッフが入っているビジネスチャットに「明日廃棄します」と通知を送る
⑧保管期限が過ぎているものは、分別して廃棄する
⑨アプリのフェーズを「廃棄済み」に変更する

総務の年間スケジュール（例）

12月

時期	やること	マニュアル
1日〜5日頃	年賀状の準備をする	https://teachme.jp/
	オフィスの大掃除計画／日程や掃除道具を購入する	https://teachme.jp/
10日〜15日頃	年始に郵便物の仕分けが多いため、作業者を決める	https://teachme.jp/
	「年末年始の営業日のご案内」を公式サイトに掲載する	https://teachme.jp/
20日頃	年賀状投函／大掃除をする	https://teachme.jp/

総務には季節で発生する雑務が多いため、年間スケジュールを用意しておくと計画的に実施ができます

第4章

19 広報系の仕事（Ｗｅｂメディアの更新）

広報の仕事の中で、障害のあるスタッフが行いやすい「Ｗｅｂメディアの更新」について、作業のポイントを紹介します。

Ｗｅｂメディアの更新とは

多くの企業では、複数のＷｅｂメディアで情報発信をしています。広報担当者は原稿作成だけでなく、Ｗｅｂツールに原稿を入力し、読み手が読みやすいように調整する作業もあり、運用負荷が高まってきています。

そこで「Ｗｅｂツールへ原稿を入力し、読み手が読みやすいように調整する作業」を障害のあるスタッフが担当することで、広報担当者の負荷を減らすことができます。

◆作業の流れ

①原稿の登録

原稿をコピー＆ペーストしてＷｅｂツールに登録します

②原稿の調整

コピー＆ペーストした原稿を調整します。たとえば「メイン画像の下は1行空ける」など、これまでは広報担当者が「読み手の見やすさ」のために自然にやっていたことを棚卸しし、マニュアル化することで、誰が作業しても統一した見た目の記事になります。

③プレビューチェック

プレビューで下書きした記事の最終確認をします。「改行など調整したものが反映されているか」「原稿と記事を左右に並べて、入ってないものがないか」などをチェックします。

◆ポイント①Webツールごとにマニュアル化

ツールの使い方マニュアルを作成します。ツールは仕様が変わることがよくあるので、こまめにマニュアルを更新しましょう。

◆ポイント②本番公開は行わない

Webメディアの更新で気をつけたいのが、クリックひとつで公開されて世界に情報発信されることです。基本的に「下書き登録をする人」と「公開する人」は別にするなど、リスク回避することをおすすめします。他にも「パスワードを定期的に変更する」「作業後はログアウトを必ず行う」など、基本的なルールの共有も必要です。

このようなポイントは、SNSの投稿や、メールマガジンの運用などにも応用できます。ぜひ、様々な広報業務を切り出ししてみてください。

ツールマニュアル例

本文の文字にリンクを挿入する方法

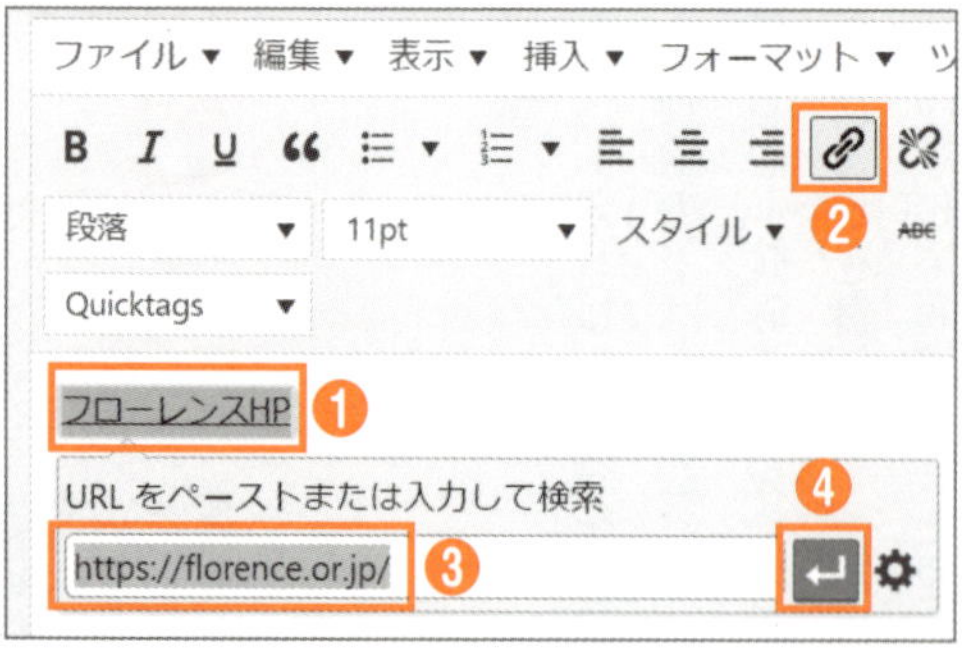

【文字にリンクを埋め込む】

❶埋め込みたい文字を選択する
❷クリップマークをクリックする
❸ポップアップに URL を入力する
❹適用をクリックする

第4章

20 経理事務の仕事

経理部門には事務業務が多くあります。障害者雇用のスタッフが取り組みやすい経理事務作業を「代理の事務作業」と「チェック作業」に分けて紹介します。

代理の事務作業とは

経理に提出する申請を、その担当者に代わって精算ツールなどを使い申請をすることです。

- 経費精算（出張精算、経費精算、交通費精算）
- 支払依頼（振込／口座振替／現金／クレジットカード申請）
- 請求書、見積書の作成　など

◆代理申請の流れ（フローレンスの場合）

①申請者が「代理申請依頼フォーム」に登録する
②代理申請者である障害のあるスタッフが、精算ツールなどを使って支払伝票を作成する
③承認者が内容のチェックをして承認すれば、経理に提出される

チェック作業とは

経理に提出された伝票や、出入金の内容チェックが主な仕事になります。第4章11節「ツールチェック」でも述べた通り、間違い例が図と言葉でわかりやすくマニュアル化されているとよいでしょう。必要であればチェックリストも準備し、ダブルチェックもします。

◆チェック作業（例）

- 社員から提出された伝票のチェック（領収書と申請内容の金額に間違いがないのかなど）
- 通帳の出入金のチェック

代理申請の流れ（支払い依頼の場合）

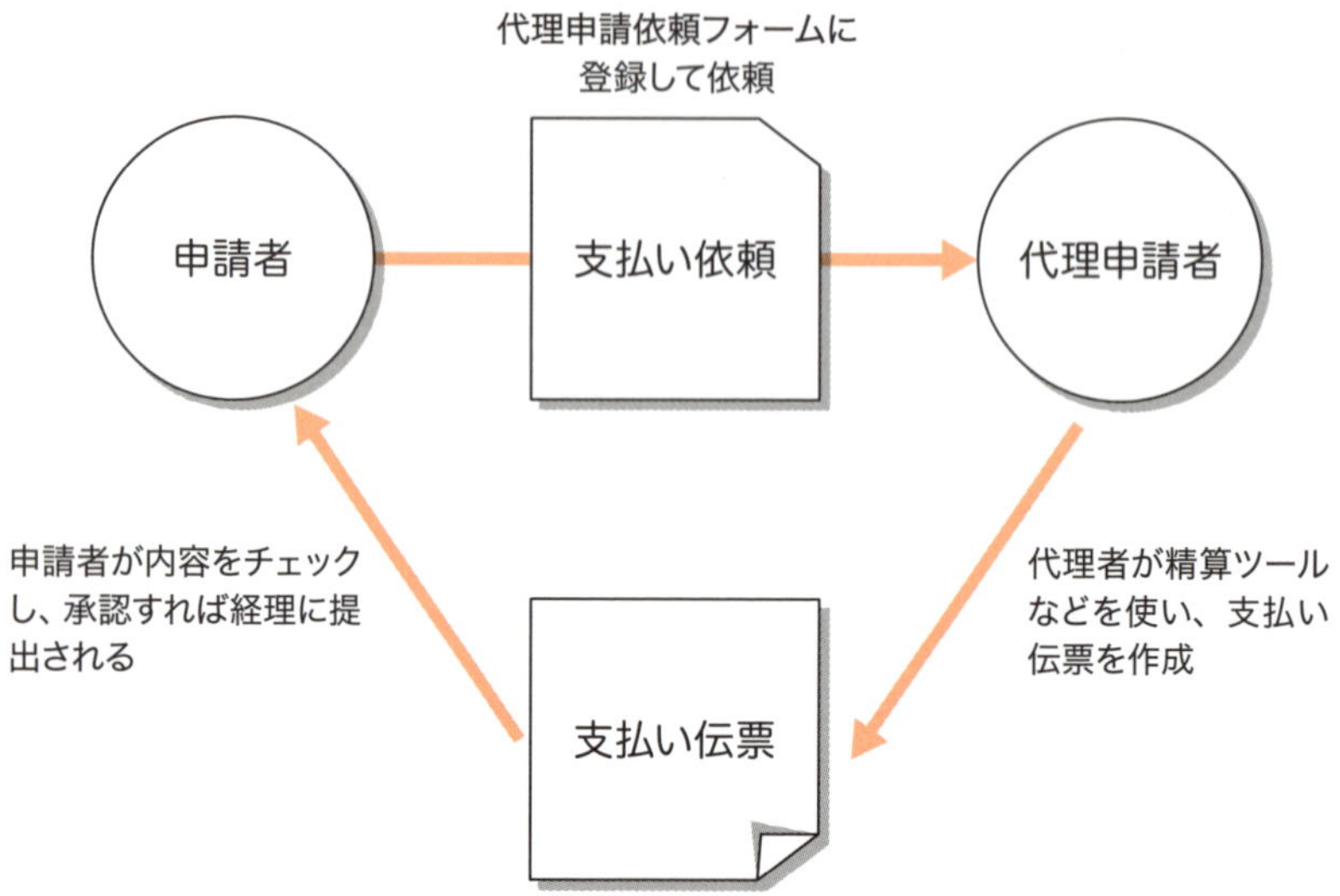

代理申請依頼フォームへの登録例

代理申請依頼　入力フォーム

オペレーションズが代理申請します。下記に申請の情報を入力してください。

■申請区分：☑ 振込／口座振替／現金／クレジットカード申請

■依頼部署・氏名：人事　フロレ花子

■請求書・領収書の PDF 添付：採用マーケティング管理ツール費.pdf（2MB）

■備考

第4章

21 営業事務の仕事

営業部門には事務業務が多くあります。障害のあるスタッフが取り組みやすい営業事務作業を「顧客対応」と「営業後の事務作業」に分けて、ポイントをいくつかあげます。

顧客対応の例

◆電話対応

営業スタッフが外出しているときに、電話やメールで顧客に一次対応をします。第4章1節「電話対応」でも述べた通り、マニュアル化することで電話対応は可能です。営業特有の対応マニュアルも用意しておくとよいでしょう。

◆メール対応

メールで顧客と営業スタッフのフォローをするときは、顧客とのメールのやりとりを複数人で共有できる「メール共有システム」や「メーリングリスト」を使うとよいでしょう。メール対応時にも回答のテンプレートなどを用意し、回答しやすいフローを作ります。

たとえば、メール共有システム「メールワイズ」はチームでのメール対応を一元管理して効率化できるサイボウズのメール共有システムです（https://mailwise.cybozu.co.jp/）。

◆問い合わせ対応

Webサイトなどから資料請求のあった顧客に対し、紙のサービス資料を郵送したり、初回営業訪問日の候補日を出して日程調整メールを送るなど、インサイドセールス的な役割も行います。営業の訪問日が決まったら、営業社員のスケジュールの登録、会議室の予約なども行います。

◆**営業資料の印刷準備や提案資料の作成**

提案資料もテンプレート化しておくことで、提案先の企業ごとにカスタマイズすることも可能です。

◆**会議室の準備、来客対応、セミナーや研修準備**

来客前の会議室の準備や、来客時のお茶出し、セミナーや研修時の会場準備などもマニュアル化しておきます。

営業後の事務作業例

◆**顧客管理**

営業後は営業スタッフから顧客の名刺を受け取り、顧客管理システムに登録を行います。顧客の住所や電話番号、営業担当者名、取引の履歴、契約期間などをまとめて顧客管理ツールに登録します。

◆**書類作成**

見積書、契約書、請求書などの作成もテンプレート化しておきましょう。営業支援ツールなどを使う場合は、マニュアルも必要です。また、顧客への提出書類のダブルチェックは必須です。

その他にも、契約書のファイリング、受発注管理、営業スタッフの交通費精算などもあります。

第4章

22 システム部門の仕事（ＩＴ機器の設定、動画編集）

システム部門にも、障害のあるスタッフが取り組みやすい作業があります。ここでは「ＩＴ機器の初期設定」「動画編集」について紹介します。

パソコンなどＩＴ機器の初期設定作業

職場から貸与しているスタッフのパソコンやスマートフォンなどのＩＴ機器の初期設定を行います。業務で必要なアプリケーションをインストールしたり、共通で使っているブラウザの設定をします。

◆マニュアル作成のポイント

- マニュアルは、誰でも作業ができるように、1ステップごとに作りましょう。
- パソコンやスマートフォンは、バージョンアップしてボタンなどの形状が変わることも多く、障害のあるスタッフが作業時に混乱することがあります。こまめなマニュアル更新が必要です。

動画編集作業

最近では、動画で研修を行ったり、リアルな集合研修でも録画して欠席者に動画として提供することが多く、動画編集のニーズが増えています。初心者でも使いやすい動画編集ツールもあり、障害のあるスタッフでもトリミングやカット、テロップを入れる編集作業が可能になってきています。

◆動画編集作業の事前準備

パソコンなどで動画編集をする場合、多くのパソコンのメモリが必要となる場合があります。十分なメモリのあるパソコンを準備しましょう。

動画編集は集中力が必要で眠くなりやすい作業です。こまめに休憩をとるなど工夫をしてください。

マニュアル例

ステップ１　「設定」をクリックする

ステップ２　「一般」をクリックする

動画編集ツール

◆ canva プロ

動画エディター＆メーカーは、ドラッグ＆ドロップ操作で、簡単な録画、クリップ、オーディオ、アニメーションのライブラリーを使用して、魅力的な動画を作成できます。

https://www.canva.com/ja_jp/pro/

◆ Adobe Premiere Pro

ビデオの編集とトリミング、エフェクトの追加、オーディオのミックス、アニメーションタイトルの作成まで行えます。

https://www.adobe.com/jp/products/premiere.html

第4章

23 人事事務の仕事

人事部門の仕事には、入社研修の準備や労務関連など、多くの事務業務があります。障害のあるスタッフが取り組みやすい人事事務作業を紹介します。

作業時の注意点

外部の個人情報、従業員のセンシティブ情報を扱う場合は、パーテーションを設けた机で行うことや、人事部門の席で行うなどの配慮が必要です。

個別にメールを送付する際は、送信前にメールアドレスとメールの内容が正しいか、ダブルチェックが必要です。

人事事務作業の例

◆採用

- 求人情報を複数の求人媒体へ転載する
- 求人広告の出稿／出稿金額の調整
- 求人応募者への一次対応／メール返信

◆入社準備

入社準備は用意するものや、やることが多く、抜け漏れが発生しやすい業務です。

入社するスタッフごとに「入社準備一覧表」を作っておき、作業担当者が一つずつ作業完了のチェックをつけていきます。人事担当者が定期的に進捗確認を行うことで、抜け漏れを防ぎます。

◆その他の業務

- 社内研修の配布資料の印刷・参加者の調整・会場の予約・受付
- 勤怠申請のチェック
- 異動スタッフの名札や名刺印刷

郵便物の個人への仕分け

第4章4節「郵便の仕分け」では、郵便物を部署ごとに振り分ける作業について紹介しましたが、人事部門は郵便物が多いので、個人のレターボックスに振り分ける「郵便物の個人への仕分け」まで行うとよいでしょう。

人事部門の郵便仕訳表

記入日	発信元	宛先	内容
2024/5/27	医療法人××	山田	検診結果
2024/5/27	××健康保険協会	中村	請求書
2024/5/27	××医学協会	山田	請求書
2024/5/27	派遣会社××	佐藤	
2024/5/27	労働基準監督署	鈴木	
2024/5/27	各区役所、市役所	高橋	（市民税・区民税・県民税・都民税） 特別徴収関係書類
2024/5/27	ハローワーク	山田	

第4章

24 法務事務の仕事

法務部門には事務業務が多くあります。障害のあるスタッフが取り組みやすい法務事務作業の事例を紹介します。

法務事務作業（例）

◆契約書類のファイリング作業

①紙の原本をスキャン（PDF化）して、契約管理ツールに登録する
②紙の原本をファイリングして保管する

◆押印管理

印鑑の運用ルールに従って押印管理を行います。

①申請者が「押印申請書」をワークフローシステムで登録する
②上長や法務担当者が承認済みで押印の許可が出たものに対して、印鑑の貸出を行う

◆株主総会や取締役会の運営・準備

- 招集通知の発送
- 配布物の印刷・発送
- 当日の会場準備・受付・案内

作業時の注意点

外部の個人情報、従業員のセンシティブ情報を扱う場合は、パーテーションを設けた机で行うことや、法務部門の席で行うなどの配慮が必要です。

個別にメールを送付する際は、送信前にメールアドレスとメールの内容が正しいか、ダブルチェックが必要です。

◆その他の業務

- 社内研修（コンプライアンス研修など）の配布資料の印刷・参加者の調整・会議室の予約・受付
- 社内からの法務問い合わせの一次対応

◆法務研修のリマインド作業

コンプライアンス研修など、法務が行う全社研修を全員が受けるように、リマインド作業を行います。詳しいやり方は第4章9節「リマインド代行」を参照してください。

◆書類の受け取り、受け渡し

法務部門には外出して公的機関に書類を取りに行く作業もあります。

フローレンスでは「法務局に行き履歴事項全部証明書を取得する」作業を障害のあるスタッフが行っています。難しそうな作業も、行動をマニュアルに落とし込み、1～2回レクチャーを行えば、対応可能です。

「法務局に行き履歴事項全部証明を取得する」仕事のマニュアル（一部）

> ステップ1　行く前の準備をする
>
> 法務担当者に
> ①何枚、取得するか聞き、メモする
> ②取得枚数分の印紙税（1部600円）を受け取る
> ③会社法人等番号が記載された紙が入っているファイルをバックに入れる
>
> ■持ち物
> ・飲み物
> ・携帯電話
> ・印紙税のお金
> ・会社法人等番号が記載された紙が入っているファイルを入れたバック
> ※道に迷ってしまったら、法務チームまで電話をかけてください。

第4章

25 職場実習のポイント

障害のある人を採用する前に「職場実習」をすることがあります。特別支援学校の生徒の受け入れを例に、実習時の作業スケジュールやポイントを紹介します。

「入社後の仕事」を想定した作業内容で

実習中は、実習用の仕事ではなく「入社後にやってもらいたい仕事」を準備します。実習生用に準備する仕事だと、採用したときに「実習のときの仕事と違う。こんなに大変な仕事だと思わなかった」と生徒は思いますし、職場側も「実習では上手くできていたのに…」とミスマッチになりがちです。

もちろん、短い実習で専門ツールの使い方を覚えたりするのは難しいかもしれませんし、ミスを起こしがちかもしれませんが、テスト環境上で作業をしたり、時間をかけて実際の作業をやってもらうことが、入社後の双方のギャップを埋めることにつながります。

次ページの図はフローレンスでの実習生のスケジュール例です。郵便仕分けなどの総務業務や、他部署から依頼された切り出し作業など、すべて障害のある先輩スタッフと同じ作業内容です。

また、実習生への作業レクチャーも、障害のある先輩スタッフが担当しています。入社後はサポート担当者よりも先輩スタッフに質問することが多くなるため、先輩スタッフと生徒が関係性を構築できるかどうかも、実習での重要な見極めポイントです。

現場実習から採用までの流れを確認

特別支援学校の就職活動には職場での現場実習が必ずあるため、実習をせずに「面接して、すぐに採用」はできません。一度の面接や筆記試験などでは、障害のある生徒の魅力や強みを知ることは難しいからです。

実習生の作業スケジュール

	2月15日		2月16日	
	木		金	
時間	OJT担当	業務	OJT担当	業務
9：30～	和田	PC設定、スケジュール登録、1日の勤務の流れの確認＆執務室挨拶	佐藤	オフィス清掃
10：00～	ー	朝礼	ー	朝礼
10：15～	佐藤	人事部チラシ発送	佐藤	総務受付
11：00～	佐藤	総務受付	和田	営業部請求書発送
12：00～	ー	お昼休憩	ー	お昼休憩
13：00～	山田	郵便仕分け	山田	郵便仕分け
14：30～	佐藤	総務受付	佐藤	総務受付
15：00～	ー	休憩時間	ー	休憩時間
15：15～	佐藤	ゴミ回収／シュレッダー作業	佐藤	ゴミ回収／シュレッダー作業
15：45～	和田	日報記入	和田	日報記入
16：00～	和田	退勤	和田	退勤

生徒は在学中の3年間で1社から数社（1社で複数回の実習をすることもあります）の現場実習を経験することで、働く意欲を高めていきます。もちろん、現場実習を受け入れたからといって、その生徒を採用しなければいけないわけではありません。職場実習をすることで、企業側が本人の魅力や強み・働く力を見ますが、生徒側にとっても、自分に合った職場・仕事かどうかを確認することを大切にしています。**実習をすることで、双方の気持ちがマッチした「安定した就職」が叶うのです。**

企業にとって1週間から2週間の現場実習が増えると、仕事を準備したり、指導する時間に手間がかかり難しいと思われるかもしれません。そんなときは、1日から3日程度の実習を行い、生徒の働く能力と、企業が求める仕事のマッチングを見ながら、その後、1週間や2週間の実習をすることで就職につなげていくというステップがおすすめです。

特別支援学校の現場実習から採用内定までの流れ（例）

1年生	就業体験や企業と連携した実習：1日から3日間程度、1社〜数社
2年生	現場実習（仕事選びから会社選びへ）：1週間から2週間、1社〜数社
3年生	現場実習（挑戦したい会社を決める）：1週間から2週間、1社〜数社
	7月頃〜随時　企業が求人票を作成
	9月初旬〜随時　求人への応募
	9月中旬頃〜随時　採用選考（面接）※1週間程度で選考結果のお知らせ
	内定後実習　※ない場合もあり

※本表は特別支援学校の見学会資料などを元に作成したものです。
※学校や地域により実際とは異なる場合があります。

第4章

26 マニュアルの作り方①

障害のあるスタッフの作業にはマニュアルが必要です。マニュアル作りのポイントを紹介します。

まずはメモ書き程度から

マニュアルの必要がない業務はありません。マニュアルがあれば誰かに仕事をお願いすることもでき、業務が属人化せずにすみます。マニュアルの大切さを知るために、メモ書き程度でよいので、マニュアルを作ってみることをおすすめします。

フローレンスの障害者雇用チームでは、特別支援学校の実習生にマニュアルを作成してもらいます。多くの実習生は「マニュアルを見る側」であっても、「マニュアルを作る側」は初めてです。

左図は、実際に実習生に作ってもらった「おもちゃを消毒する」マニュアルです（フローレンスでは保育事業も行っているため、他部署から依頼された、おもちゃ拭きの業務があります）。

実習生にはマニュアル作成後、マニュアルを元に先輩スタッフに「おもちゃ拭き」のレクチャーをしてもらいました。自分でマニュアルを作成した経験があれば、他の人が作ったマニュアルでも、自分がわからない点を追記することで「業務を自分ごと化」できます。

理解度を見極めてステップを設定

多くのマニュアルは1ステップごとに一つの手順で記載しますが、「一つのステップに一つの手順だけを掲載すると、マニュアルが長くなる」問題が発生します。

誰もが行う可能性のある作業は「1ステップで1指示」が基本です。

実習生が作成したマニュアル

おもちゃの消毒方法

準備する物	バケツ、次亜塩素酸ナトリウム、雑巾、おもちゃ、手袋（自分の手に合ったサイズを付ける）、カゴ、絵本
注意書き	・15分以上利用する場合はピューラックスは蒸発するのでバケツに蓋をします。 ・ピューラックスが肌についてしまったら洗いましょう。
0	地下から手袋を持ってくる
1	バケツに次亜塩素酸ナトリウムをカップ1杯分入れ、水を半分入れる
2	自分の手に合ったサイズの手袋をつける
3	おもちゃをデスクに持ってくる
4	雑巾をバケツで絞る
5	雑巾でおもちゃ、絵本を丁寧に拭く
5-1	パズルの場合はピースを全面拭く（紙パズルの場合は軽く拭く）
5-2	（※1の写真）ルーピングフリズルのワイヤーを丁寧に拭き、ビーズもスミズミまで拭く
5-3	カップを中、外拭く
5-4	ボールを拭く
5-5	組み立てパズル（ブロック）を拭く（元の袋に戻す）
5-6	（※2の写真）ピース、中を拭く
5-7	プラレールや乗り物を隅々まで拭く（元のカゴに戻す）
5-8	絵本は表紙、裏表紙、背表紙を拭く
6	拭き終わったらカゴに入れる
7	おもちゃが入っていたカゴや袋も拭く
8	担当の人に報告をし、OKをもらったら雑巾とバケツを洗い、片付ける

たとえば、下図はパソコンの初期設定を行うためのマニュアルなのですが、全スタッフが行えるように1クリックごとに1ステップで書かれています。

一方、左図は「郵便印字からポスト投函までの複数作業」を1ステップにしたマニュアルです。この作業は特定のスタッフが行う作業で、**作業者の理解度に合わせてマニュアルを作成しているため、複数作業を1ステップにまとめています。**

1ステップで1指示だと終わりが見えませんが、複数作業を1ステップにまとめることで、「どこまで行えばこの作業が終わりになるのか」「どこの作業が抜けているのか」の把握がしやすくなります。

同じ作業のマニュアルでも、作業者の理解度によりステップの作り方は異なってきます。作業者の理解度を見極めてから作成をしましょう。

1ステップ1指示のマニュアル

STEP1：【スキップ】をクリックする

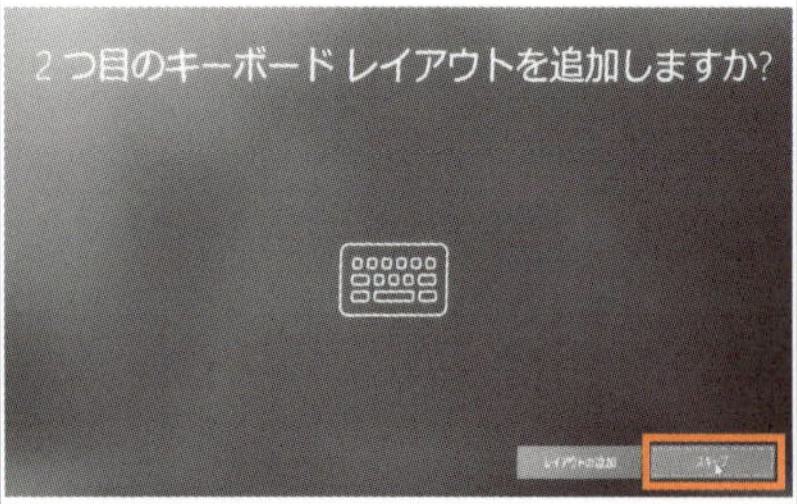

STEP2：【はい】をクリックする

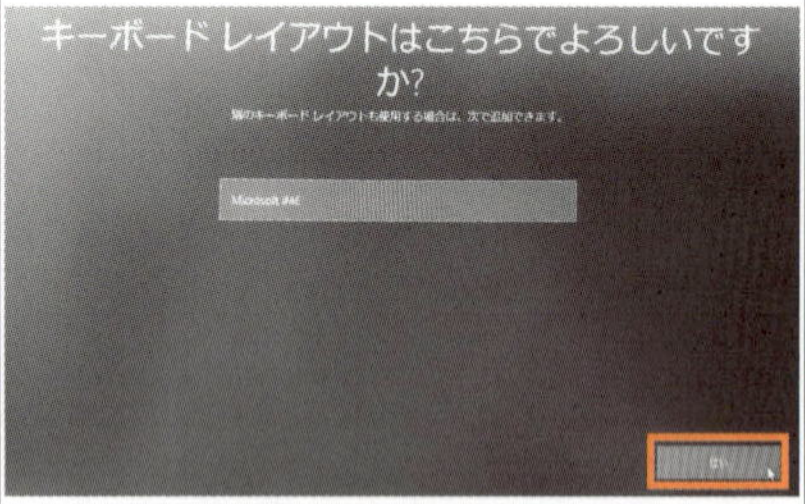

複数作業を1ステップにしたマニュアル

① 担当者名を書く

② 郵便印字をする

③ 郵便依頼表を書く

④ 社内ポストに投函する

第4章

27 マニュアルの作り方②

マニュアル作りのポイントの続きです。ここでは、複雑なマニュアルにしない工夫などを紹介します。

4コママニュアル

複合機、ラミネート機、三つ折り機など、職場には多くの機械があります。今は直感的に操作できる機械も多いため、マニュアルや手順書をじっくり見ない人も多いのではないでしょうか。でも、知っておいてほしい機能や注意点がある場合は「**4コママニュアル**」を作成することをおすすめします。

左図は中型シュレッダーのマニュアルです。それまで使っていた小型よりも機能や注意点が増えたため画像入りの4コママニュアルにして貼りました。

障害のあるスタッフに限らず、一度使い方を覚えても、時々しか使わない場合、使い方を忘れてしまうことがあります。記憶に頼らず、目に見えるところに使い方や注意点を書いておくと「誰かに聞いたり、調べたりするストレス」が減ります。

複雑なマニュアルにしない工夫

マニュアル作成で陥りがちなのは、すべての注意事項を書いてしまい、テキストだらけのマニュアルにしてしまうことです。特に、障害のあるスタッフは覚え方に個人差があるため、複数の人が作業する場合は「Aさんに対しての補足」「Bさんに対しての補足」などが追加され、複雑なマニュアルになってしまいがちです。

マニュアルは「よく発生するトラブルだけを記載してシンプルにしておく」ことが大切です。個人が忘れがちな注意事項については、手書きで記載するとよいでしょう。

◆マニュアルには「いつ、誰と、どこに」も書く

- 作業タイミング：例「第一月曜日」
- 作業管理者名：例「人事部の××さん」
- 作業に必要な物の置き場所は文字情報ではなく、写真で記載する：例「棚の場合【棚の全体写真】と【棚の扉を開き、引き出しの位置がわかる写真】」

マニュアルツールの導入

マニュアルを作るのは、手書きメモやExcel、Wordなどでもかまいませんが、マニュアル作成ツールを導入すれば、どこでもマニュアルを更新したり、見ることができて利便性が高まります。

フローレンスでは全社で「Teachme Biz（ティーチミー・ビズ）」を導入しています。Teachme Bizは、マニュアルの検索もしやすく、直感的に操作も可能で、マニュアルが作りやすいツールです。

4コママニュアル例「シュレッダーの使い方」

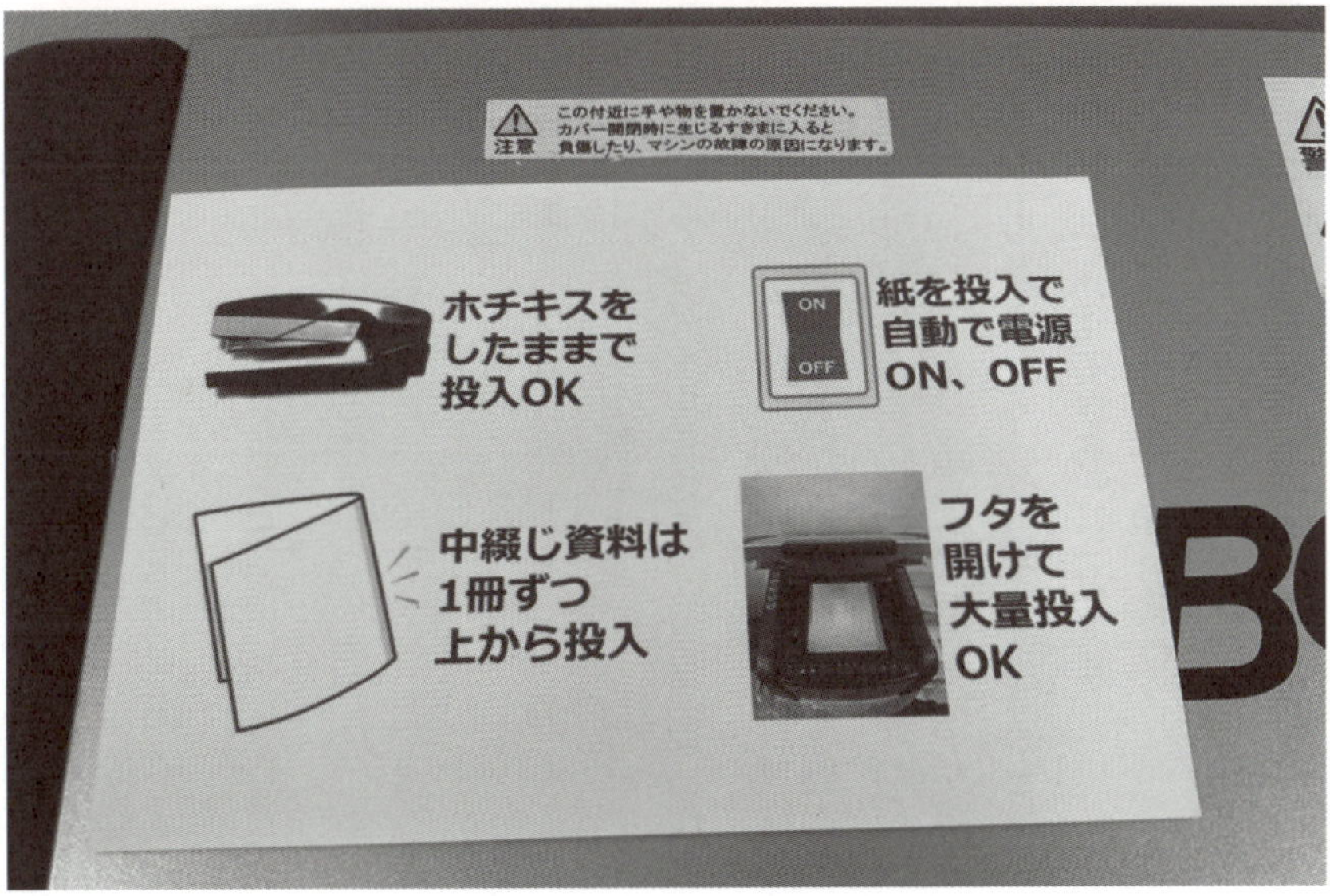

第4章

28 優先順位のつけ方

1つの作業に没頭してしまい、優先すべき業務を忘れてしまう人がいます。ここでは、無理なく優先順位をつける方法を紹介します。

優先順位をつけるポイント

優先順位をつけるポイントは、すべての業務を見える化することです。「どんな業務が動いているのか」「いつやるのか」を一目で把握できる状態にしておいて、「今やらないことはすべて忘れること」で今やることに集中できます。

ケース①クリアファイルで管理する

様々な部署からの単発業務の依頼が複数あるような場合、優先順位のつけ方を紹介します。

①依頼がきたら付箋にメモをします。

- 依頼者の部署名、スタッフ名
- 作業者の作業日、スタッフ名
- 締切日
- 簡単な作業内容

②クリアファイルに付箋を貼ります。

③毎朝このクリアファイルを見て、締切の近い作業だけを机の上に出しておきます。「今日やらないクリアファイル」は別の場所に置くことで、今やることに集中できます。

クリアファイル管理のよいところは「情報を誰が見てもわかり、一元化できる」ことです。「締め切りが早くなった」「一部のやり方が変わった」などは、すべてこの付箋に追記すれば、作業時の漏れもなくなりますし、作業担当者が休んだときも、他の人がこのファイルを見ることで、どこまで進んでいるのかがわかるようになります。

ケース②ファイルケースで管理する

透明なファイルケースに作業するものも入れておくと、さらに作業効率を上げられます。

領収書のハンコ押し作業であれば「領収書とハンコ」を一緒に入れて、付箋をボックスに貼っておきます。透明なので中身がわかり「これはハンコ押し作業だな」と、付箋のメモを読まずとも作業内容を思い出せるので、手に取ってすぐ作業を開始することができます。

クリアファイルやファイルケースでの管理の仕方

クリアファイルで管理する

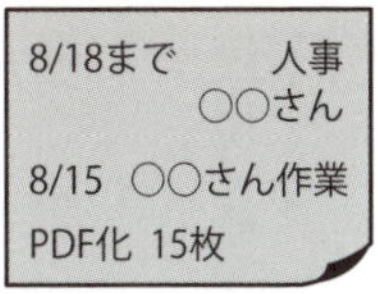

① 付箋に作業内容をメモ書きする

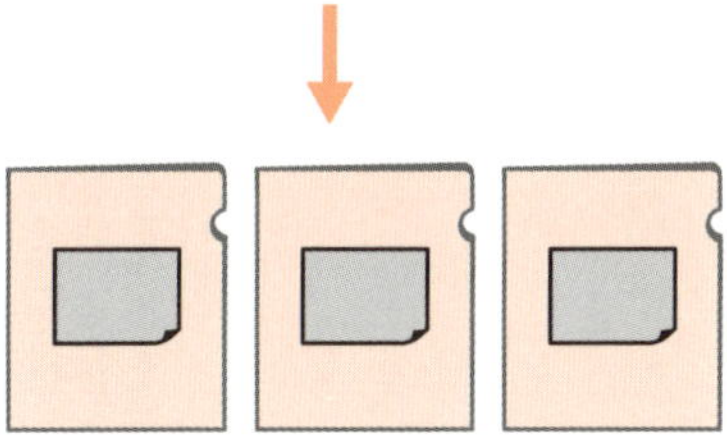

② 付箋をクリアファイルに貼る

ファイルケースで管理する

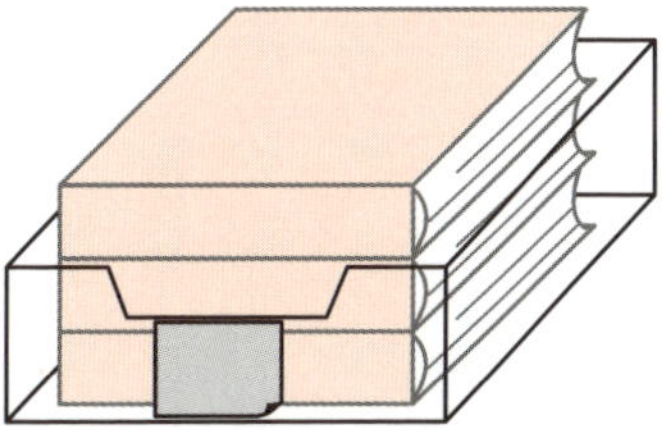

ファイルケースに付箋を貼り、作業するものを一緒に入れておく

第4章

29 スケジュールの立て方

「納期まで余裕があるのに焦ってしまう」ことはありませんか。ここでは、スケジュールを細かく立てることで、焦らず仕事を進める方法を紹介します。

仕事を細分化して作業予定を見直す

「複数の仕事があると焦ってしまう」という人は多いものです。障害のあるスタッフにそういう傾向が認められるときは、予定を見直しましょう。

図は、作業予定の見直し方の例です。締切があるなど優先順位の高い業務、必要な時間が短くて済む業務、毎日やるべき業務などに仕分けして、業務ごとに「作業する日」を決めて、スケジュールを細かく立て直します。

スケジュールを細かく立てる作業は、朝ではなく夕方に翌日分を行います。

終業時間の15分前に【スケジュールを細かく立てる】というスケジュールを毎日登録しましょう。スケジュールを細かく立て直し、頭の中を空っぽにして帰宅し、翌日は朝から「今日やることだけに集中」します。

一つの仕事に集中できない場合

「計画的に進めたいけど、気がついたことを始めてしまう」など規律と衝動が混在してしまう人もいます。その場合は、細かくスケジュールを立てず、午前中に1件、午後に1件程度の予定を入れておき、回り道をしながらでも、週単位で作業が完了していればよい程度にスケジュールを組むとよいでしょう。

スケジュールを細分化して立て直す例

■【スケジュールを立てる前】今日（7月1日）の作業予定

・社内報の校正
・研修のアンケート作成
・有休申請
・交通費申請
・今日の定常作業

■作業ごとにスケジュールを立てる

社内報の校正

・1週間後（7月8日）までに校正してほしいと依頼があった
・2営業日前（7月4日）までに作業を終えたい

▼スケジュールは2つ
・校正日を1日＋作業予備日を1日（完成していれば提出）
【7月2日：校正】
【7月3日：校正（予備）or提出】

研修のアンケート作成

・研修日は1か月後（7月31日）
・3営業日前（7月26日）までに上司のチェックを終えたい

▼スケジュールは5つ
・上司確認と修正で3日間
【7月22日：上司確認】
【7月22日：修正】
【7月23日：上司再確認】
・アンケート作成日を1日＋作業予備日を1日
【7月18日：作成】
【7月19日：作成（予備）】

有休申請

10分で作業が終わるので、今日の退勤5分前に行う

交通費申請

月末にまとめて登録したほうが効率がよいので、第4週の月曜日に繰り返し予定を登録する

今日の定常作業

定常業務なので今日行う

■【スケジュールを組んだ後】今日（7月1日）の作業予定

・有休申請
・今日の定常作業

※空いた時間で翌日の作業を前倒しで行う

第4章

30 スケジュールを守るための工夫

集中しすぎて先のことが考えられずスケジュールを守れない人がいます。ここではスケジュールを守るポイントを紹介します。

「やることすべて」を見える化する

たとえば出社してから30分くらいまでにすることを、スケジュール管理ソフトに「すべて」打ち込みます。

9:00- 9:30
【作業】打刻→出勤報告→名札→メール確認→作業棚確認→新規依頼確認→前日日報確認→メンバー＋自分予定確認→アラーム登録

出社したら「勤怠ツールで打刻をして、ビジネスチャットで出勤報告を投稿して、名札をつけて、メールを確認して、作業棚に今日の締切の作業があるか確認して、新しい依頼が届いていないかアプリを確認して、前日のメンバーの日報を確認して、メンバーのスケジュール予定を確認して、自分の予定を確認して、忘れそうな予定にアラームを登録する」までを一つのスケジュールとして、スケジュール管理ツールに登録するのです。

このように、**「やることすべて」をスケジュールに登録していれば、何をやらなければいけないのか思い出すことができます。**

時間を忘れる人はアラーム機能を使う

外出を伴う場合は、スケジュールに登録するときに「行動する時間」も一緒に登録しておきます。そして、朝出社してから「忘れそうな行動時間」にアラームを登録します。

たとえば次の場合は、外出準備（9：30）、外出（9：35）の時間さえ守れれば遅刻はせずにすみそうなので、その二つを登録します。

> 9:30-11:30
> 【外出】Ａ社ＭＴＧ／外出準備（9:30）→外出（9：35）→電車（9：40発）→Ａ社ＭＴＧ（10：00 - 11：00）

出かけるための準備を開始する時間にアラームを入れることで、「他のことをしていて気づくのが遅れ、遅刻してしまった」というようなことがなくなります。

誰かと一緒に「朝夕3分」の確認をする

スケジュールを見ることを忘れがちな人に対しては、仕事のはじめと終わりの3分だけスケジュールを見ながら「今日やったこと」「明日やること」の読み上げを一緒に行うようにすると、スケジュールの漏れに気づけるようになります。

「見える化ボード」で予定管理をする

オンラインツールでスケジュール管理をしつつも「今日行う業務」については、ボードに書いて見落としがないようにする「**見える化ボード**」を作成する方法もあります。

マグネットシートにテプラでルーチン作業名を

貼り、１日の作業予定順に並べて、終わったものに「済」と書くことで、作業漏れがなくなります。重要な作業には「◎」を貼り、イレギュラーな作業が追加されたら書いておくこともできます。ボードもマグネットも１００円ショップで売っていますので、数百円で見える化ができます。

このような対策をした上で、障害のあるスタッフが時々スケジュールを忘れても「なぜ忘れたのか」を強く追及すべきではありません。スタッフが自信をなくしてしまう原因となります。

障害の有無にかかわらず、多少スケジュールを忘れてしまうことがあっても、それを受け入れ、フォローする余裕のあるチームが、働きやすいチームといえるのではないでしょうか。

見える化ボード

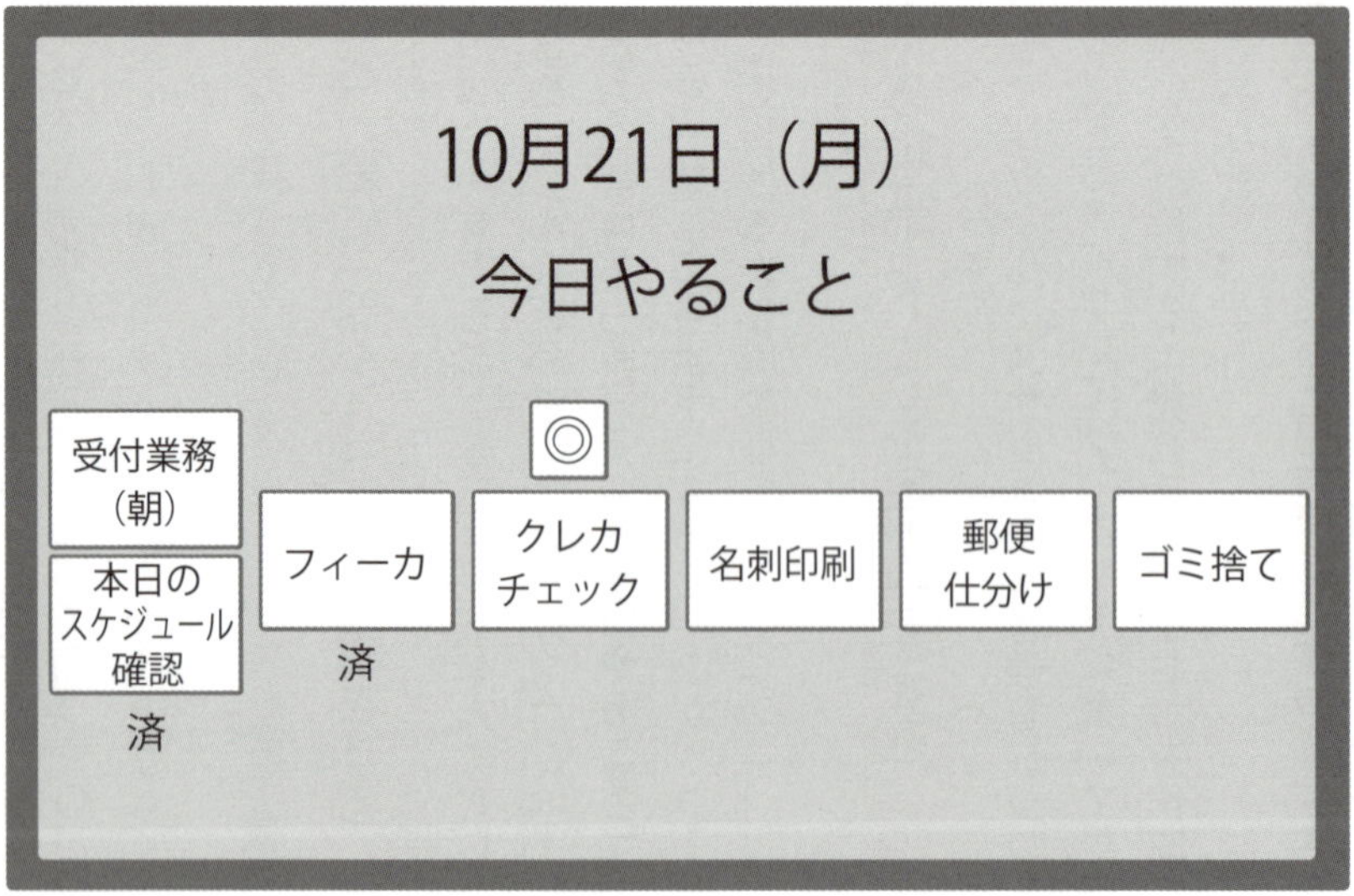

第5章

安定した就労のために

障害のある人が安定して就労を継続できるように、社内の環境を整えていくことも大切な支援です。特性を知ること、特性への配慮を心がけること、一人の職業人として対応すること、いくつものコツや工夫がありますが、その根底にあるのは「特別扱いしすぎないこと」かもしれません。一人ひとりの「キャリア」に向き合うという姿勢を持ちたいものです。

第5章

1 働く意欲を高めるには

障害当事者にとっては「就職すること」がゴールになってしまいがち。企業のことを知り「この企業で働きたい理由」を明確にしておくことが大切です。

なぜここで働きたいのか?

最近では、生徒に対してインターン先企業のことを事前に調べるよう指導する支援学校も増えてきましたが、積極的に自分自身で事業内容まで調べた上でインターンに臨む生徒は少ないのが実際のところです。

インターン期間を経て就労する場合、事業について何も理解できないままインターン期間を終えたのでは、「なぜここで働きたいのか」という問いに対する明確な答えを持つことはできません。

「雰囲気がよかったから」「職員の人が優しかったから」という漠然とした気持ちで就労しても、働くことへの意欲の継続は難しいでしょう。

ビジョンや事業を知ることの大切さ

ビジョンがはっきりしていると仕事の意義への理解が深まり、働く意欲やモチベーションを高める効果があることはよく知られています。また、**事業内容の理解があれば、自分の仕事が「誰の」「どこに」役に立っているのかが具体的になり、仕事に対するやりがいにつながっていきます。**

フローレンスでは、障害のあるスタッフにも「働きがい」を持ってほしいと考え、自社の事業内容やビジョンを伝えるための研修を定期的に行ってきたのですが、2024年11月現在は、この研修を意図的にインターン生の受け入れ期間に実施しています。

インターン期間中に研修を行うようになってから

は、採用面接で「障害のあるこどもたちの手助けをしたい」「困っているこどもを助けたい」といった具体的な「働きたい理由」を聞くことができるようになりました。

この研修には、在職中のスタッフが定期的にビジョンに触れることで、仕事の意義を定着させて自分の社会的役割を心に刻むことも大切な目的として含まれています。このため、研修に受講者として参加するだけでなく、研修資料の作成や講師役を交替で担当してもらっています。

業務の背景を伝える

研修だけではなく、日々の業務の中でも事業について伝えていくことができます。新たに業務を担当してもらうときに、業務に関わる事業について伝えることで、仕事への向き合い方が変わってきます。

- どこの部署のどのような事業につながった業務か
- 事業のエンドユーザーはどのような人か

淡々と作業をこなすのではなく、動機を持って仕事に向き合うことが大切です。目に見えないものを察することに困難がある場合、期待や求められている役割を、その都度明確に伝えるとよいでしょう。

一人の職業人として向き合う

私たちには、障害のある人に対して「特別に親切にしなくてはいけない」といった思い込みがあるのではないでしょうか。しかし、「これは危ないから」「これは無理だろうから」と**過剰に配慮することは、本人からチャレンジする機会を奪うことにつながります。**

「転ばぬ先の杖」は成長を妨げかねません。本人にとって、成長を求められることはモチベーションにつながるでしょう。障害者手帳を持っていても、労働への対価を受け取る「職業人」であることを、忘れないようにしたいものです。

第5章

2 報・連・相ができるようになるには

失敗そのものは悪いことではありません。このことを理解し、報・連・相はその後の成功につながるものと知ってもらうことが大切です。

報・連・相が難しい

入社1年目の障害のあるスタッフにとって、「わかりません」「助けてほしいです」と声を出すことはとても難しいことです。

困ったときに思考が停止して動けなくなってしまうこともあり、「Aさんが動けなくなっているよ」「Bさんが用具置き場にこもっているみたい」と報告が入ることも時々起こります。駆けつけて事情を確認すると、「作業を間違えました」「どうしたらよいかわかりません」ということがほとんどです。

中には、わからないまま思うに任せて進めてしまう場合もあり、対応に苦慮する障害者雇用担当の方も多いのではないでしょうか。

「困っている」と言えない原因

なぜ「困っている」と声をあげることができないのでしょうか。知的障害や発達障害の場合、自分の感情や考えを把握して整理することが苦手といった障害特性もありますが、それ以上に、特性を理解してもらえない中で否定的な経験を多く重ねたことで、自分を守るために「困っている」と言えない場合も多いようです。

「努力が足りない！　と厳しい叱責を受けた」「周りと同じようにできないことを理由に、いじめにあった」このような経験から、「上手くできないと責められる」「困っていても黙っていたほうがよい」と学習してしまっていることが考えられるのです。

このような場合に報・連・相を定着させるために

は、**言葉で指導を繰り返すよりも、「失敗を報告・相談することで成功につながった」という体験の積み重ねが大切になります。**成功体験が「報告・相談する」という行動にとっての内発的な動機づけとなるからです。

失敗から成功体験を生むために

「失敗そのものは悪いことではない」ということを理解してもらえることが大切です。

失敗は「事後の対応で成功につなげることができる」ことを伝え、必ず報告するように指導します。また、同じ失敗を繰り返さないように、失敗からの学びを身につけていくことが大切であることも伝えるとよいでしょう。

失敗に対して、周囲のスタッフは次のような態度で臨みましょう。

- 失敗を叱責せず事実確認に留める
- 失敗の責任を個人に負わせない
- 報告、相談ができたときは報告の事実を認める
- 繰り返される失敗は手順（仕組み）に課題がある
- 失敗の原因を探り改善策を一緒に考える
- 失敗したまま終わらせず成功につなげる
- 成功したときは成功の事実を認める

職場が「失敗しても叱責や否定されない安心できる環境」であることが理解できると、緊張が解け失敗そのものも減っていきます。

報・連・相ができるようになったら

慣れてきて、「失敗から学びます」とペロリと舌を出して終わらせようとしたときには「失敗の原因は何ですか？」「次に同じ失敗をしないためにどのようにしますか」と、本人に考えさせるような厳しい対応も必要です。報告を怠ったときには、「報告できなかった事実」と「報告がないために起きるリスク」について伝えることも大切です。

第5章

3 特性に関する情報収集の仕方

できないことばかりに注目せず、本人の工夫や得意なことにも目を向けて、特性を活かした業務マッチングにつなげましょう。

特性に関する情報を得ておく

障害者雇用の採用時において、「障害による特徴や特性、対処法や必要な配慮」に関する情報の収集はとても重要です。

- 得意なこと
- 苦手なこと
- 苦手なことに対して自分で行っている工夫
- 周りにしてほしい配慮

これらの情報は、業務の適性を考えるときや、安定就労のための支援に役立つはずです。

ナビゲーションシート

障害者職業総合センターが開発した「ナビゲーションブック」は、「作業面」「対人面」「思考・行動の特徴」の3項目について、セールスポイントと苦手なこと、思考の特徴や必要な配慮などを記入できるツールです＊1。本人にとって、自分自身に関する理解を深めるきっかけを得たり、他者に伝えたい自分のニーズの整理に役立てることができます。

フローレンスでは、この「ナビゲーションブック」に少し工夫を加え、「ナビゲーションシート」として使用しています。ここでは、具体的な工夫の内容とその理由についてお伝えします。

＊1 『発達障害者のワークシステム・サポートプログラムナビゲーションブックの作成と活用』https://www.nivr.jeed.go.jp/center/report/support13.html

◆工夫①セールスポイントを目立たせる

一般の採用面談では、「セールスポイント」について必ず質問すると思いますが、障害者雇用となると、「配慮が必要なこと＝苦手なこと」の情報を聞き取ることに注意が向いてしまいがちです。

しかし、**「得意なこと」の情報は、適した業務をマッチングするためにとても重要です。**また、ナビゲーションシートへの記入を前向きに捉えてもらう効果も狙って、「セールスポイント」の記入スペースを大きく取り、1ページめに配置しました。

◆工夫②独自の質問「自分での工夫」

独自の質問として「**苦手に対する自分での工夫**」を盛り込んでいます。この質問には次のような意図が含まれています。

- 苦手は「工夫」で軽減できることだと捉えてほしい
- 周りからの配慮に期待するだけでなく、「苦手」なことに主体的に向き合ってほしい
- 工夫への努力を周りから認められることで自信をつけてほしい

障害のあるスタッフが自分の特性を伝えるためのツールが、自己肯定感を下げるものであってはならないと考えています。

◆工夫③家庭にも関わってもらう

ナビゲーションシートは障害のあるスタッフ本人が記入することが前提ですが、支援学校から入社するスタッフには、可能なら親子での記入をお願いしています。**親にも関わってもらうことで、本人視点だけではなく多くの情報が記載されることと、学校生活では現れにくい特性についても焦点が当たることを期待しています。**

親子での記入は、家庭で就労について考えるきっかけになるだけでなく、親からこどもに「あなたのよいところ」を伝える機会にもなっているようで

す。ご家庭からはこんな声があがっています。

- 特性を知ってもらえることに安心感がある
- 親子で話をするきっかけになった
- 学校に入学するときにも提出したかった（先生に勧めた）

継続した情報蓄積が大切

ナビゲーションシートから得ることのできる「特性や配慮」は、あくまでも本人と家庭からの情報です。また、得た情報は「その時点」での情報となります。

採用時に得た情報だけに頼るのではなく、日々の本人との会話や就労中の様子観察など、私たち自身が本人と一緒に過ごす中で得た情報を蓄積していくことが、とても大切です。

ナビゲーションシートの活用

ナビゲーションシートを導入したことで、インターン期間中ではアセスメントしきれなかった特性を知ることができるようになりました。なにより、**本人が自分の不得手に対してどのように工夫できるのかを知ることができ、早い段階から個々の特性に合わせて共に働くことを考えやすくなりました。**

また、本人の許可が得られた場合には、障害のあるスタッフの所属部署以外にもナビゲーションシートを共有していますが、一般職員の中にある障害者雇用への不安が解消されて一緒に働くことに前向きになるばかりなく、「自分も書いてみたいと思った」「チームビルディングのワークショップで使えそう」といった声も寄せられています。

ナビゲーションシートは、自分を知り、自分のことを伝えるためのツールとして、障害者雇用に限らず利用できそうです。みなさんもぜひ利用してみてはいかがでしょうか。

ナビゲーションシート

ナビゲーションシート

記入日　　年　月　日

学校名
氏名
セールスポイント
○作業面
○コミュニケーション
○思考・行動の特徴

苦手とすること	
作業面	○内容
	○自分での工夫
	○配慮してほしいと思うこと
コミュニケーション	○内容
	○自分での工夫
	○配慮してほしいと思うこと
思考・行動	○内容
	○自分での工夫
	○配慮してほしいと思うこと

第5章

4 特性に関する情報共有の仕方

本人にとって働きやすい環境にするために、特性への周囲の理解が必要です。そのことを本人自身が理解するのも大切です。

障害のある人たちが活躍できる職場環境にするためには、「情報共有の大切さ」を知ることから始める必要がありそうです。

不安を感じるのは情報がないから

私たちは、知らないことに不安を感じます。障害者雇用においても、相手のことを知らないがゆえに不安を感じるケースが多いのではないでしょうか。

フローレンスが障害者雇用を始めたばかりの頃、社内のあちこちから「どのように接したらよいかわからず不安」という声を聞きました。分離教育で障害のある人たちと接点を持たずに生活してきた人が多いこともあり、障害のある人をまるで違う世界の人のように感じているようでした。

一方、障害のある人たちも「受け入れる側の不安」を知りません。また、自分にとって必要な配慮を周りに伝えれば生活しやすくなるということを理解できていないこともあるでしょう。

情報開示の範囲は本人の意思を尊重

障害があること自体を含め、特性や必要な配慮に関する情報を開示するかしないかは、本人が決定することです。また、情報開示の範囲についても本人の意思を尊重することが求められます。

安定した就労のためには、周りの理解や配慮を得やすい環境が重要です。そのためには、本人の許可を得て必要な範囲で情報開示するのが望ましいのですが、とてもデリケートな問題なので、こちらの希望を伝えることも難しい場合があります。

フローレンスでは、前述のナビゲーションシートの運用を始めて2年目頃から、提出を依頼する際に**ナビゲーションシートを運用する意義について、丁寧に説明することで、社内での情報開示について理解を得やすくなりました。**

- 本人の自己理解を深める
- 必要な配慮について本人発信を促す
- お互いにとっての働きやすい環境を築くための情報共有

開示される障害特性や必要な配慮に関する情報について、自身が記したことが基本になることも、許可の得やすさにつながっているようです。

情報開示の範囲とタイミング

フローレンスが運営している保育施設には、障害のあるスタッフが週に数日派遣されています。このため、毎年、保育スタッフの異動時期に合わせて障害者雇用を知ってもらうための研修を実施しています。

◆研修の主な内容

- 障害者雇用についての理解を深める
- 派遣されるスタッフの特性に関する情報共有

この研修は、「どのように接したらよいかわからない」といった保育スタッフの不安解消と、障害のあるスタッフが活躍できる環境の工夫につながっており、今では施設から研修を依頼されるようになりました。

また、本社内から業務を受託する際にも、依頼元の部署に向けて、担当する障害のあるスタッフの特性や配慮に関する説明を個別で実施しています。

第5章

5 サポートに必要な情報共有の工夫

情報共有は大切ですが、そのために多くの時間を割くことは避けたいものです。いつでも情報にアクセスできる仕組みでカバーしましょう。

サポート担当者間の情報共有

障害者雇用を円滑に進めようとすれば、サポート担当者間での情報共有は欠かせません。

もし情報共有が不足していると、どのようなことが起こるでしょうか。

- サポート担当者によって異なる指示となり、障害のあるスタッフが混乱する
- 過去の対応がわからず、トラブルが起こるたびに苦慮する
- 一つの出来事に対して複数のサポート担当者が指導してしまう
- 新任のサポート担当者に情報の引き継ぎができず、「ゼロ」スタートになる

特にマイナス面に対して指導を行ったときには、複数のサポート担当者が重ねて同じ指導を行わないように、タイムリーにサポートチーム内で情報を共有することが大切です。

定期的な情報共有の場を設ける

定期的に情報共有の場を設けることで、サポート担当者が複数いても、同じ方向性で障害のあるスタッフに対応することができるようになります。トラブルへの対応の共有も大切ですが、順調なときであっても次にチャレンジする業務など育成方針を共有しておきたいものです。

情報は蓄積しておく

情報共有のために費やす時間はできるだけ短くしたいものです。

サポートを担当する誰もがアクセスしやすい環境に、日々の対応に関する情報が蓄積されていれば、情報共有のための時間は不要となるでしょう。サポートの効率が上がって、その分、障害のあるスタッフと直接関わる時間が生まれます。

情報の記録と管理には、紙媒体ではなくデータでの蓄積がおすすめです。ExcelやGoogleフォームなど、使い慣れているツールを用いて情報蓄積の仕組みを作るとよいでしょう。

◆事例①日報

睡眠時間や疲労具合の項目を設けておくと不調の予防にも役立ちますし、フォームであれば困りごとも入力しやすいので、早めの対処につながります。

◆事例②ケース記録

個別の対応に関する情報を蓄積します。トラブルや不調の記録だけでなく、1on1や評価面談での様子も情報を残しておきましょう。個人ごとの履歴が追える仕組みにしておくと、時系列で整理ができるのでおすすめです。

情報共有で気をつけたいこと

サポートに関する情報は個人情報となりますので、アクセスに制限を設けるなど管理には十分な配慮が必要です。

また、**情報共有はサポートの要ですが、本人が自分に関する情報の共有を承諾していることが必要です**。入社時や定期面談などでサポート担当者間での情報共有について説明をしたり、場合によっては「今の話の内容を他のサポート担当者にも伝えてよいか」を個別に確認することが大切です。

第5章

6 コミュニケーションの工夫① 伝え方

特性への理解を深めて伝え方に一工夫できると、よりよいコミュニケーションにつながり、業務指示や面談での会話も伝わりやすくなります。

作業指示の伝え方

情報を正しく伝えるための基本は「要点を絞って具体的な言葉で伝える」ことです。

私たちが日常使いがちな「普通に」「しっかり」「なるべく」「その辺に」といった言葉は、どのような状況を指すのかが曖昧です。行間を読むことや、見えないものを想像することが難しい特性を持つ人にとっては、自分のとるべき行動に結びつきづらい言葉となります。

時間であれば「○時までに」、場所であれば「○○にある棚の上から△段目に」というように、具体的な言葉にすることで正しく伝わります。また、優先順位をつけることが苦手な場合も多いため、**今、優先して作業してほしいことだけを伝える、複数の指示を出すときは「いつ」「何をするか」を明確に伝えることも大切です。**

ツールを利用して伝えるのもよいでしょう。

- マニュアル…画像を利用して視覚的情報を提示する
- スケジュール表…作業予定や業務締切の確認
- リマインダー…必要な行動の促し

行動修正を促すときの伝え方

間違った行動を修正してほしいときには、タイムリー（起きているその時）に伝えましょう。時間が経過してからでは行動の修正につながりにくくなります。

伝えるときには「××をしないでください」という否定表現ではなく、行ってほしい行動を「○○してください」と肯定的な表現を用いて伝えることで行動修正が進みやすくなります。

行動の修正を伝えるときに、気をつけたいのが表情です。厳しいことを伝える際に、空気を和ませようとして笑顔を作ることがありますが、「叱られている？ 褒められてる？」と理解の混乱を招きかねません。**大きな声や叱責は避けたいものですが、静かに厳しい表情で「あなたの行動は間違っている」と伝えることが大切です。**

「○○だから△△です」「○○のために□□してください」と、行動の意図や目的もしっかり伝えます。見えないもの、聞いていないことを想像する力が弱いという特性を理解して、丁寧な説明を心がけてください。

くれぐれも「いちいち説明しなくても、指示すれば意図も汲み取るはず」などと考えないようにしたいものです。

理解と定着を図るための伝え方

作業指示の際、**メモをとるよう促した場合には、一つ伝えるごとにメモをとるための時間をとり、書き終えたことを確認してから次のことを伝える配慮が必要です。**メモをとるという行動は「聞き取る」「理解する」「書く」を同時に行うマルチタスクとなるため、苦手に感じる人も多いのです。

また、話を終えた後に「今の話で、大切なことは何だったか言ってみてください」「今伝えた通りにやってみてください」と、**その場で本人の理解度を確認することも大切です。**

説明後に「わかりましたか」と確認したら「わかりました」と返事があったのに、作業をしてみたら正しくできなかったというのは起こりがちなことですが、ごまかしや嘘で「わかりました」と口にしているのではなく、特性による場合も多いと考えられます。

想像することが苦手な場合、行動する前には「わかっているかわかっていないか想像できない」のであって、行動してみて初めて「わからない」ことがわかるということです。

急がず根気強く伝えていく

業務を覚えることに時間を必要とする場合もありますが、結果や成果を急がず、個人個人の速度で理解が深まるよう支援を続けていくと、思ってもいなかった適性が見えてくることがあります。

また、多少時間がかかっても、丁寧に定着を支援した作業はミスが起こりにくく、結果的に手がかからない業務となっていくことが多いでしょう。

業務を正しく身につけるには、わからないことをその都度確認することが必要ですが、**本人が「わからない」と率直に言えるためには、「わからないことを否定的に捉えない」「いつでも確認できる」「わかるまで聞いてよい」という環境も大切です。**

理解が難しい伝え方と改善例

理解が難しい伝え方		具体的な伝え方
何がいい？	→	AとBどっちがいい？（選択肢を示す）
何かあった？	→	○○のやり方がわかりませんか？
早めにお願い！	→	○時○分までに終わらせて
丁寧にね	→	角と角を合わせて折ってね
これ、やっといて！	→	今、している仕事が終わったら、○○をしてください（優先順位を示す）

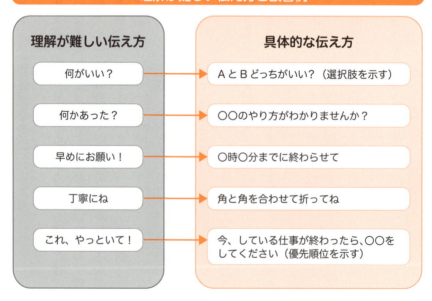

第5章

7 コミュニケーションの工夫② 聴き方

自分自身の気持ちを感じて言葉にすることに困難さを感じる人がいます。本人の思いを聞き取れるよう、私たちにできる工夫があります。

気持ちを言葉にすることの困難さ

障害のあるスタッフとの会話において、質問に対する回答が得られない、会話が止まってしまう、といった経験をしている方も多いのではないでしょうか。

「相手の気持ちを汲み取ることが難しい」のは発達障害の特性としてよく聞きますが、「自分自身の気持ちや考えを言葉にすること」の困難さを併せ持つ人も少なくないようです。

まずは落ち着いて話を聞く

当たり前のことですが、まずは話を聞く相手ときちんと向き合うことが大切です。面談の時間はゆとりをもって予定を組み、目の前の相手との時間にしっかりと集中したいものです。

事前に「何のための面談であるか」を知らせておくことも大切です。予定がわからないと不安を感じる特性のある人もいますので、ただ「面談」とするのではなく、その時間に何の話をする予定なのかを具体的に示すよう心がけましょう。

定期面談であれば、面談シートを準備してあらかじめ記載しておいてもらうことで、事前に答えを考える時間ができ、面談がスムーズに進みます。

「なぜ」「どうして」を避ける

障害のあるなしにかかわらず、「なぜ」「どうして」は避けたほうがよい質問といわれています。

「なぜ」「どうして」と繰り返し聞かれると、詰問されているように感じてしまうからです。

特に、障害のあるスタッフの場合には、「叱られた！」「責められた！」という思考に陥って、会話が止まってしまうことにつながりかねません。

失敗やミスについて考えてほしいときは、「何が起きたのか」事実を確認した上で、「どうしたらよかったと思うか」について、一緒に対応策を考えていくとよいでしょう。

ゆっくり考えてよいことを伝える

障害のあるスタッフとの面談では時々、「質問に答えが返ってこない」沈黙の時間があります。沈黙の時間はとても気まずく感じられるものですが、会話が止まって気まずさや焦りを感じているのは、質問者であって、質問された人は答えを考えるために時間を要しているだけです。

そこで、**質問した後しばらく回答がないときには、「待っているから、ゆっくり考えて答えてね」と伝えましょう。**言われた相手も「考える時間をとってよいのだ」と安心しますし、質問者自身も気まずさを感じることなく「今は待つ時間」と、ゆったりとした気持ちで待つことができます。伝えたいことを言葉にするのに時間がかかる人にとって、「時間をかけてよい」という理解を示すことは、信頼関係の構築にとっても非常に大切なことです。

傾聴のスキルを用いる

障害者雇用に限ったことではありませんが、自身のコミュニケーション力に不安を感じたことはありませんか？　コミュニケーション力を高め、職場内でよりよい関係を築くためにも、次のような傾聴のスキルを身につけておくとよいでしょう。

- 話している人と声のトーンやリズムを合わせる
- 姿勢や表情、しぐさを相手と同調する
- うなずきや相槌で共感を伝える
- 開かれた質問、閉じられた質問をうまく使い分ける

ツールを利用しての工夫

対面では考えを言葉にすることが難しい場合でも、スマホやパソコンで自分のペースで入力するのであれば、言葉にできることがあります。

フローレンスでは、社内コミュニケーションツールとしてチャットが活用されているのですが、情報量のコントロールや、たくさんの情報の中から必要な情報を拾うことが難しい点を考慮して、障害のあるスタッフとのコミュニケーションでの利用を避けていました。

ところが、対面でのコミュニケーションを苦手としているスタッフに、業務の「報・連・相」でチャットを利用してもらったところ、とてもわかりやすい文章で適切な報・連・相が行えて、その後の活躍につながったということがありました。思い込みを捨てることは大切だと感じたエピソードの一つです。

コラム 質問の工夫

障害者雇用を始めたばかりの頃、筆者はよく「仕事は順調ですか」という質問をしていました。答えはいつも「順調です!」なのですが、実際にはミスが起きたり、何やら困っている様子を見せることも多かったのです。7年間、障害のあるスタッフと何度となく会話をしてきた中で感じているのは、自分に関して「よい」「悪い」で答えられる質問には「よい」と答える傾向があることです。

当初は「自分をよく見せたい」のかなと考えていましたが、そうではなく彼らにとっては「今、目の前にあること」が重要で、過ぎたことまで視野を広げて答えることは難しいのだなと捉えるようになりました。今では「過去に流れ去った期間」を対象にした質問は避けるようにしています。

第5章

8 集合型（チーム）で運用するメリット

フローレンスで集合型配置を取り入れてみて感じたメリット。チームで丸くなることを考えれば、個人の凸凹はあまり気にならなくなりました。

目の前にロールモデルがある

一番大きなメリットは、身近な先輩がロールモデルとなることです。「あの先輩のようになりたい」という漠然とした目標だけでなく、「あの人のやっている○○の業務ができるようになりたい」と具体的な目標も持ちやすく、業務習熟へのモチベーションが高まりやすいといえます。

裏を返すと「あの人のようにはなれない」という悔しさにつながる場合や、「あの人より私のほうが難しい仕事ができている」といった好ましくない比較につながることもあり、フォローが必要となる場面も出てきます。

一人の完璧を目指さない

前述した業務習熟度一覧では、一人ひとりの習熟度を記録しているだけでなく、チームの中に何人習熟した人がいるかも計っています。一人のスタッフがすべての業務をできるようになることよりも、凸凹な力を合わせてチーム全体で丸くなることを目的にしています。

不得手なことが多いスタッフでも、一つ得意な業務があればチームの中で「自分の役割」を感じることができるのも、メリットの一つです。

一方、凹があってよいと伝えることが、「私はこの業務はできません」と言いやすい環境を作ってしまっているのはデメリットといえるかもしれません。

ピアサポート

同じ生きづらさを感じている者同士でサポートし合うことを「ピアサポート」といいます。障害がありながら社会に出て働く人にとって、職場に自分と似た境遇の人がいて、同じような体験を共有できるということは、精神的な安定につながると考えられます。

一方で、障害のあるスタッフ同士だけで仲よくなってしまうという状況になりやすいため、社内の多くの人と関わるための工夫が必要になります。

サポート業務が一極集中になる

サポート業務が一極集中になることで、ノウハウを蓄積しやすく、時間の経過とともにサポートが楽になっていく傾向があるといえます。その分、チーム外でのサポートは不要と受け取られやすく、社内全体でのナチュラルサポートが難しくなるため、ここでも社内の多くの人と関わるための工夫が必要になります。

コラム

ノウハウの蓄積がもたらしたもの

ノウハウを蓄積できたことで、東京都内の複数の特別支援学校肢体不自由科から、何人もの生徒さんを社会体験学習で受け入れることができるようになりました。肢体不自由科は、団体で運営している障害児保育園を卒園したこどもたちの多くが通う特別支援学校であり、そこから生徒さんを迎えることは、社会を変える一つのステップとして、フローレンスにとって大きな意味を持っています。

第5章

9 安定就労のための工夫

フローレンスの障害者雇用には、いくつもの安定就労に向けた施策があります。施策ごとに、運用している理由をご紹介します。

安定就労の工夫

◆①日報（毎日）

スタート時は紙媒体を使用していましたが、書字に時間のかかるスタッフが多かったことからＷｅｂフォームに変更しています。スマホからの入力もできるようになり、利便性が上がりました。

項目は、就寝・起床時間／体調／本日の作業について／今日1日でよかったこと、です。スタッフごとにデータ管理ができることで、不調時の変化をつかみやすくなりました。

◆②朝礼（毎日）

一人ひとりのその日の様子を知ることができる大切な時間です。一方的に業務連絡を伝えるだけでなく、本人たちにひとこと（プライベートなこともＯＫ）話してもらうことで、会話のきっかけとなる「ネタ」を得ることにもつなげています。

◆③ブリーフィング（週1回）

情報伝達の時間として実施しています。一般職員に向けて発信されている情報は、障害のあるスタッフにとってキャッチアップや理解が難しい場合があるため、この時間を利用してわかりやすく説明し、彼らが必要な情報を逃すことのないように配慮しています。

◆④研修（隔週程度）

研修内容には次のようなものがあります。

- コンプライアンス研修など全職員受講必須の研修を理解しやすい形で説明
- 団体ビジョンや事業の再確認
- 社会人スキルのための研修
- 外部講師（ハローワークなど）による研修
- 評価時期の自己評価作成のサポート
- ボードゲームなどを用いたチームビルディング

⑤1on1（月1回）

業務のことだけではなく、体調やプライベートも含めた一人ひとりの情報を得るための貴重な時間として、リラックスして面談に臨めるよう心配りをしています。

⑥評価面談（年2回）

フローレンスでは、一般職員の評価に沿って時給スタッフ用の評価軸を設けて、年に2回、マネージャーとの評価面談が実施されます。障害のあるスタッフについては、サポート担当者全員で評価を行っており、一定期間、基準以上の評価が続くと、有期月給契約、無期月給契約へと雇用契約の形がステップアップする制度となっています。

コラム　プライベートでの活動を応援

フローレンスでは、絵画展で毎年入選している、劇団に所属していて舞台に立っている、スペシャルオリンピックスで活躍している、など実に多彩な障害のあるスタッフがいるので、機会があるごとに社内にポスターを貼るなどしてプライベートを積極的に応援しています。一般職員が彼らの取り組みを知ることは、社内のインクルーシブマインドの醸成につながると考えています。

第5章

10 ナチュラルサポートを醸成する

社内全体からのナチュラルサポートがあれば、より働きやすい環境となります。一社員として溶け込むことにつながった取り組みを紹介します。

自然に育まれたナチュラルサポート

集合配置で障害者雇用に取り組んでいると、社内でのインクルーシブマインドの醸成やナチュラルサポートが広がりにくいと前述しました。

フローレンスでも集合配置を取り入れていますが、社内全体にナチュラルサポートがあり、その中で障害のあるスタッフはごく自然に活躍しています。その様子は、新しく入社したスタッフや見学に来られた方が、「こんな障害者雇用は初めて見た！」と驚きの声を口にするほどです。

もちろん、初めからナチュラルサポートが行われていたわけではありません。障害者雇用に取り組み始めた頃は社内のあちこちから「障害のある人への接し方がわからない」「どんな仕事を頼めるのかわからない」といった声が聞かれました。

7年半の間に少しずつ変化があって、今がありま す。意図して行ったわけではありませんが、ナチュラルサポートの醸成に役立ったと考えられる取り組みをいくつか紹介します。

社内からの業務受託

初めの頃の業務受託は完全請負制で、受託業務を担当する障害のあるスタッフからの報・連・相も、依頼元の担当者とのやりとりも、すべてサポート担当者が行っていました。

3年目からは、作業指示や業務に関する質問の対応も依頼元のスタッフに担当してもらう「出張型」のルーチンワーク受託を始めています。スタートする前には業務を担当する障害のあるスタッフへの必要な配慮についての説明を丁寧に行い、業務の組立てには、そのスタッフに合わせた工夫を取り入れています。

スタート時には、依頼元のスタッフから「こちらからミスを伝えてもよいでしょうか」といった確認がありましたが、現在はサポート担当者の介入がほとんどなくても業務が進むようになりました。出張型での業務受託を始めてから依頼業務の幅も広がり、依頼がますます増えています。そして、請負型の受託業務も、障害のあるスタッフと依頼元担当者との間で、直接、報・連・相が行われるようになりました。

社内向け受付業務

総務には社内から様々な問い合わせが入ってきます。郵便や荷物の受け渡し、文具や備品に関する問い合わせ、パソコン機器などの貸与・返却……。直接の対応が必要な場面も多いことから、これらの業務を一括して「社内向け受付」として運用し、障害のあるスタッフに担当してもらうことにしました。

突然の問い合わせに対して臨機応変に対応することは難しいため、社内向け受付で対応する問い合わせは、Ｗｅｂフォームで事前入力してもらう仕組みとなっています。

①フォームに必要事項を事前入力してもらう
②受付担当は問い合わせの内容を確認する
③必要な準備を済ませる
④受付で対応する

この手順を用いたことで、様々な総務問い合わせへの対応を障害のあるスタッフに任せることができるようになりました。受付で顔見知りになった障害のあるスタッフと一般社員とが、オフィス内で雑談する様子が見られるようにもなりました。直接「ありがとう」の声をかけてもらえる受付は、人気ナンバー１業務となっています。

フィーカ（お茶とお菓子の時間）

障害のあるスタッフは「ちょっとした雑談でほっと息を抜く」ことが、なかなかできません。そこで、意図的に業務中に15分の休憩を取り入れることにしました。

当初はチームメンバーだけでこの時間を過ごしていたのですが、お茶を用意し社内にも声をかけることにしました。現在は、障害のあるスタッフが淹れてくれるコーヒーを目当てに、何人もの社員がフィーカ（スウェーデン語でコーヒータイムのこと）に足を運ぶようになり、障害のあるスタッフと一般社員とのコミュニケーションの場となっています。

大学新卒新入社員研修への参加

7年前の障害者雇用スタート時から、特別支援学校から入社するスタッフは、大学新卒スタッフとともに新入社員研修に参加しています。

障害のあるスタッフには、研修参加の目標として「復習の機会を設けるので、研修の内容はすべてを理解できなくてもよいこと」「同期となる新卒スタッフと仲よくなってほしいこと」「助けが必要なときに自分から声を上げられるようになってほしいこと」を伝えています。

一方で、新卒スタッフに向けては、事前に障害者雇用についての研修を実施した上で、障害のあるスタッフが必要とする配慮についての情報と、研修参加の目標を共有して、無理のない範囲でサポートしてもらえるよう伝えています。

学校生活に近い研修期間は自然なサポートが生まれやすく、部署に配属された後も同期としての関係性が続くことが最大のポイントです。大学新卒スタッフが、自然に障害のあるスタッフに接している姿は、周りの一般社員にもよい影響を与え続けてきました。

第5章

11 家庭での生活と仕事の関係

家庭生活と仕事は密接に関係しています。機会がある場合に、フローレンスで、その影響について、ご家庭に伝えていることをご紹介します。

家庭生活と仕事の関係

第1章10節で紹介した「職業準備性ピラミッド」からもわかるように、職業適性とライフスキルはつながってます。同じように家庭での生活は仕事につながっていて、障害があることで影響を受けやすく、特に負の影響は職場で顕著に現れることがあります。このため、フローレンスでは就労後や採用の過程でご家族と話をする機会がある場合、いくつかお伝えしていることがあります。

家庭生活で得ることができるスキル

普段の生活の中で身につくスキルには次のようなものがあります。

- 自分で起きる
- 身だしなみに気を遣う
- 料理、掃除
- 荷物の受け取りなど家族外の人への対応
- 一人での外出
- 小遣いの管理
- 家庭と学校以外での居場所を作る（地域の支援センターや習い事など）
- 友人を持つ、余暇を楽しむ
- 自分で決定する

フローレンスでは、総務への外線電話は障害のあるスタッフに受けてもらっています。この業務を彼らに任せるにあたり、「担当してみたい人」の希望を募ったところ、手を挙げたのは家庭生活の中で電話対応や訪問者への対応をしていたスタッフでした。

また、悩みを友人や支援機関など相談できる場を持っているスタッフは、プライベートでの問題について、仕事への影響が出にくいことも見えています。

障害があるからと行動範囲や行動そのものに制限をかけることや、手助けや転ばぬ先の杖を出し続けるのではなく、本人が「一人で」できることを目標にして経験を積んでこそ、職業生活を送る力が養われることをご家庭に伝えています。

家庭での声がけは「ねぎらい」を

特に入社したての頃は、心配のあまり激励の声をかける家庭が多いものですが、「頑張って」という声がけは「まだ頑張りが足りない」と、本人が自己評価を下げて自信をなくしかねません。「ちゃんとできた？　迷惑かけていない？」という言葉では、「自分は職場に迷惑をかける存在なんだ」と自己肯定感が下がることにもつながります。

激励のつもりでかけている言葉が逆効果になっている場合があること、家庭では「お疲れさま」と労いの声をかけてほしいことをお伝えしています。

訓練の場ではなく仕事である認識を

時々、担当業務に意見を述べる家庭があります。たとえば、本人が新たに任せられた業務について報告すると、「なぜその業務になったのか」「今まで担当していた業務のほうがよいのでは」と、親の考えを伝えて、新しいチャレンジへの本人のモチベーションを下げてしまうのです。

このようなときには、「業務については職場が決める」こと、障害者雇用は訓練の場ではなく「一社会人として仕事をする場」であること、「対価として給与が支払われている」ということも、ご家庭に伝える場合があります。

ご家庭には「一人前の社会人」として、本人を支えていただきたいと考えています。

第５章

12 障害者雇用に活かすマズローの欲求5段階説

心理学理論の「マズローの欲求５段階説」をご存知でしょうか。この考え方は、障害者雇用の現場でも活かすことができます。

マズローの欲求5段階説

心理学理論の「**マズローの欲求5段階説**」をご存知でしょうか。人間の欲求は五つの階層に分けられ、下位の欲求が満たされると次の段階の欲求が生じるという考え方です。

マズローの欲求５段階説は、従業員のモチベーションアップなど、マネジメントにもよく援用されるのですが、障害者雇用の現場でも活かすことができます。

マズローの欲求5段階説では、人間の欲求は下位から順に「生理的欲求」「安全欲求」「社会的欲求」「承認欲求」「自己実現欲求」の五つの階層を成しているとされます。

- 生理的欲求：人が生きていくための本能的な欲求、健康でありたい
- 安全欲求：安定した環境で安心して暮らしたい、不安を避けたい
- 社会的欲求：集団の一員として認められたい、仲間がほしい
- 承認欲求：他者から認められたい、尊敬されたい
- 自己実現欲求：自分が望む姿の自分になりたい

それぞれの階層について、障害者雇用の現場とリンクさせながら解説していきましょう。

生理的欲求と安全欲求

仕事で力を発揮するには、衣食住が満足な状態で、安全な場所で暮らしていることが前提です。**生理的欲求と安全欲求は、家庭生活において満たされるべきものですので、職場で直接支援できるものではありませんが、安定した就労のためには気を配っておきたいところです。**

前述した「日報」を利用するなどして、睡眠や食事といった生活状況や服薬状況の情報を得ておくことができれば、不調の前兆を捉えることにつながります。また、本人の了承が得られれば、必要に応じて日報を支援機関や医療機関に共有すると、支援のための有益な情報となるでしょう。

社会的欲求

家庭において安全欲求が満たされれば、安心して外に出て行くことができます。そして、次のステップである「社会的欲求」に移ります。

マズローの欲求5段階説

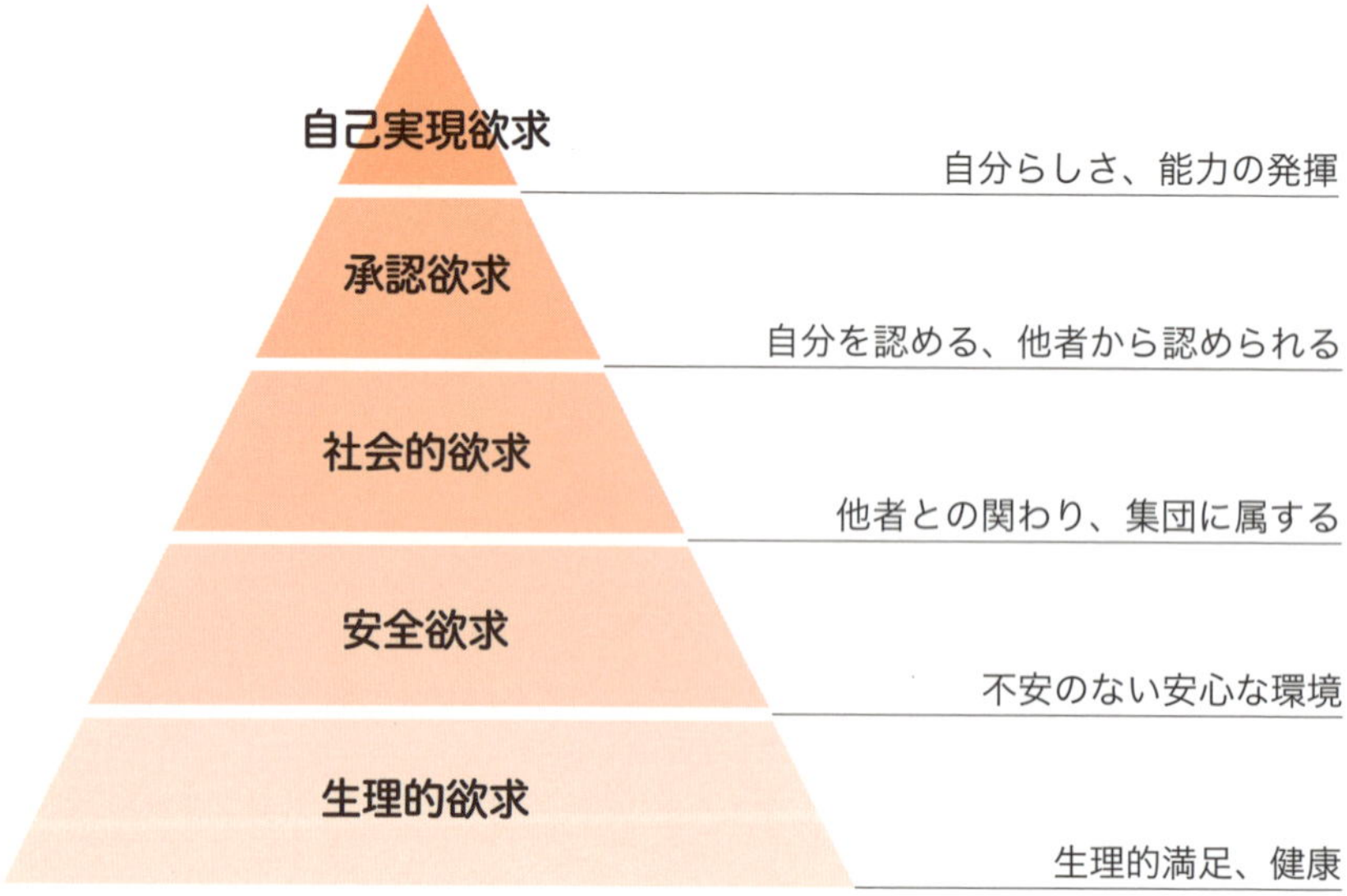

社会において集団の一員として認められて、仲間を作ることで満たされていきます。**帰属欲求とも呼ばれていて、友人や会社から受け入れられたい、そこに自分の居場所を持ちたいという欲求です。**

フローレンスでは、第5章10節「ナチュラルサポートを醸成する」で紹介した「フィーカ」や「新入社員研修への参加」のほかにも、サークル活動への参加や全社会議への参加など、全社職員との交流を通じて、団体の中での居場所作りや仲間作りができることを大切にしています。

第5章1節「働く意欲を高めるには」の中で紹介した、実習生に団体のビジョンや事業の紹介をする役割をしてもらうことも、自分がこの職場の先輩であることの証明となり、「帰属意識」を強めることにつながっていると考えます。

また、面談で一人ひとりの話に耳を傾けること、ミスがあったときにはまずリカバリーのために手を差し伸べ、人を責めずに仕組みを見直すこと、障害者雇用チームのメンバーとして、朝礼や研修への参加を通じて、ここが自分の居場所であると感じてもらえるようにすることなど、職場での心理的安全性が守られるように心がけています。

承認欲求

仲間ができると、その仲間に「認められたい」「役に立って尊敬されたい」という思いが生まれます。これが「承認欲求」です。

フローレンスには、積極的に「感謝を伝える」文化があり、小さな協力にも「ありがとう！」「助かりました！」と声をかけることが当たり前に行われています。周りに助けてもらうことの多い障害のあるスタッフは、「ありがとう」と言われることが本当に嬉しいようです。

第3章6節「マニュアル作成のポイント」でお伝えした、マニュアル更新の対応も「あなたの考えを認めます」というメッセージが含まれています。また、後輩へのOJTを任せることにも、「この業務で認められた」というメッセージになっています。

そして、半年に一度の評価面談も、評価に応じたステップアップも「認められた」証となり、自己有用感が上がって成長意欲につながっていきます。

自己実現欲求「もっと役に立ちたい」

マズローの欲求5段階説、5段階目の欲求は「自己実現欲求」です。一般的には自分が満足できる自分になりたい欲求とされていますが、**障害者雇用に当てはめるときには、「今より成長して、もっと役に立ちたい」欲求と捉えることができるでしょう。**

障害者雇用の現場にいて感じるのは、「誰かの役に立てることが嬉しい」「もっと役に立ちたい」と思っている人は多いということです。支援を受ける側だったこれまでの自分を、誰かの役に立てることで超えようとしているように感じられます。

もっと役に立ちたいという欲求は「ここでなら、もっと役に立てるに違いない」との確信があって生まれるもので、その確信は社会的欲求や承認の欲求が満たされる中で生まれるものと考えられます。

「もっと役に立ちたい」という欲求に至れば、安定して就労を継続できるのではないでしょうか。

キャリア支援について学ぶ

マズローの欲求5段階説は、キャリア支援について学ぶとき、必ず登場する学説です。

カウンセリング技法や心理学、キャリア理論で論じられていることは、どれも障害者雇用の現場でも大切にしなければならないことばかりで、「障害があることは一つの側面でしかない、障害者を特別視するのではなく、誰もが同じであると考えなければいけない」とあらためて感じられます。

「仕事」は人生の中の大きな役割の一つですが、障害があると安定してその役割を全うすることが難しくなります。だからこそ、キャリア支援が必要なのです。

障害者雇用を担当する者として、自分が担っているのは、一人ひとりのキャリア形成への支援であるということを忘れてはいけないと考えています。

事例紹介

必要な配慮について周囲に知ってもらうことの大切さ

●障害特性を公開したくない

フローレンスにおいて、初めて特別支援学校の卒業生として入社したDさんは、識字の発達に課題がありながらも、学校生活においては同級生のサポート役を任されていた経験を持ち、コミュニケーション力と素直さが評価されて採用に至りました。

内定後の面談で、障害特性や配慮事項の情報に関する社内共有について確認をしたところ、次の希望が出されました。

「障害特性に関する情報は限られた人への公開にしてほしい」

「できるだけ配慮を受けず、自分自身の力でみなさんと同じように仕事ができるようになりたい」

Dさんには、大学新卒入社スタッフと共に、2週間の新入社員研修に参加してもらうことになっていたため、一緒に研修に参加する新卒スタッフへの情報共有について提案しましたが、Dさんの希望は「障害特性に関する情報の共有は研修運営メンバーに限定してほしい」というものでした。

Dさんからは、世代の近い新卒スタッフと一緒に新入社員研修に参加できることを楽しみにしている様子が窺えましたが、新卒スタッフにDさんの特性について情報共有できないことは、私たち研修運営メンバーにとって不安の種となりました。

私たちは、対策の一つとして、新入社員研修の最初に「フローレンスは障害者雇用に取り組んでいる」こと「社会経験の少ないDさんへのサポート」を心がけてほしいことを伝えることにしました。

●ちょっとしたことがきっかけで萎縮

対面でのコミュニケーションが円滑なDさんは、入社式、自己紹介、アイスブレイクと新入社員研修を順調にスタートさせました。参加メンバー同士のコミュニケーションが活発だったこともあり、とてもよい雰囲気で研修は進んでいきました。

ところが、数日を経てメンバー同士が打ち解けてきた頃、グループワークが進む中で小さなアクシデントが起こりました。

ファシリテーターが大切なことを伝えているのにメモをとろうとしないDさんを見て、新卒スタッフの一人が「どうしてメモをとらないの？　社会人として基本じゃん。メモをとらないからわからなくなるんだよ」と声をかけたのです。

もちろん悪気はなかったでしょう。むしろ、自分より年下のDさんに教えてあげようとする気持ちだったと思います。

識字の発達に課題のあるDさんにとって、「メモをとる」ことはとても難しいことでしたが、その特性について情報を共有できていなかったため、「Dさんにとってメモをとることは困難」であることは、新卒スタッフには想像もつかないことでした。

友人同士でありがちな「ちょっとした間違いをメンバー同士で茶化し合う」といった場面が重なったこともあり、Dさんは次第にオドオドとした様子になってグループワークへの参加が難しくなってしまいました。

このままではDさんの研修参加自体が難しくなると懸念した研修運営メンバーは、Dさんと面談の時間を持つことにしました。起きている事実とDさんの気持ちを整理しながら面談を進めていく中で、「このようなことが起こっているのはなぜだと思う?」と問いかけると、Dさんは少し考えてから「自分が文字を読んだり書いたりすることが苦手なことを、みんなに伝えていないからだと思う」と答えてくれました。

Dさんは「自分の特性と必要な配慮を伝えることが新卒メンバーからの理解を得ることにつながり、研修に参加しやすくなる」ということに気づくことができたのです。

●アクシデントも成長の種に

大人でも、自分の不得意や弱い部分を人に伝えるときには大きな勇気を必要とします。緊張した面持ちで皆の前で自分の不得手について話をしてくれたDさんの姿には、胸を打つものがありました。

Dさんの一生懸命な姿を目の当たりにし、メモをとれない理由があったことや、自分の言葉がDさんを傷つけたことを知った新卒スタッフは、傷つき、とても悔やんで、心からの言葉をDさんに伝えてくれました。お互いの状況や気持ちを伝え合えたことで、チームの雰囲気は以前にも増してよくなり、新卒スタッフ全員からのDさんへのフォローは日常の中で当たり前のこととして行われるようになりました。

この年の新卒メンバーは、それぞれの部署に配属された後も、定期的に同期会を開くなど仲がよく、Dさんにも頻繁に声をかけてくれました。今でもDさんにとって安心して話ができる大切な同期メンバーです。

実は、面談の場では、Dさんの特性について運営メンバーから新卒スタッフに伝えることを提案していましたが、Dさんは考えた末に自分の言葉で説明することを選択しました。自分の言葉で伝えたことはDさんの自信につながって、後の成長に大きく影響したと感じています。

私たちもまた、このアクシデントを通して、障害特性に関する情報と必要な配慮の共有が、障害のあるスタッフ本人を守ることにつながることを痛感しました。現在では、本人への意思確認の前に「必要な配慮についてて知ってもらうことの大切さ」をしっかりと説明するよう心がけています。

●参考文献

『結果が出る仕事のムダ取り―確実に生産性が上がる実践法リーンオペレーション』庄司啓太郎・著／日経BP

『会社を変える障害者雇用―人も組織も成長する新しい職場づくり』紺野 大輝・著／新泉社

『新版　障害者の経済学』中島 隆信・著／東洋経済新報社

『発達障害児者の"働く"を支える―保護者・専門家によるライフ・キャリア支援』松為信雄・監修、宇野 京子・編著／クリエイツかもがわ

『マズロー心理学と欲求階層〜自分の本音を思い出す〜』北岡たちき・著(Kindle)

●筆者プロフィール

石橋　恵（いしばし　めぐみ）

子育て期間を経て2011年にNPO法人フローレンス（現・認定NPO法人フローレンス）に入職。病児保育マネージャー、赤ちゃん縁組事業立ち上げを経て、障害者雇用チーム立ち上げと運営に従事。企業在籍型職場適応援助者、キャリアコンサルタント、メンタルヘルスカウンセラー。

子どもの通う幼稚園・小学校・中学でPTA役員を務める中で、教育現場で起きている様々な混乱にそぐわない制度を目の当たりにし、何ができるのかを考えていたとき、フローレンス設立者である駒崎弘樹の著作『「社会を変える」を仕事にする』に出会い、フローレンスの門をたたき入職。未経験でもチャレンジできる環境で障害者雇用チームの立ち上げに従事。特別支援学校から採用したスタッフを育成する中で、彼らの勤勉さと成長に可能性を感じ、障害者のキャリアを支えたいとの思いを胸に活動中。

和田　直美（わだ　なおみ）

IT系の一般企業で15年間マーケティングを担当後、2022年11月に認定NPO法人フローレンスに入職し障害者雇用に関わる。企業在籍型職場適応援助者。

20～30代はIT企業でWebマーケティングに従事しながら、土日は震災復興支援などのボランティア活動を行う。育児に追われボランティアができない40代の日々に悶々とし、「土日はのんびりしたい！　だから、世の中のためになることは平日の昼間にしたい！」と、15年間勤めた一般企業を辞める決心をし、「こどもたちのために、日本を変える」を掲げる認定NPO法人フローレンスの広報・マーケティング職に応募。しかし、経験も知識もないバックオフィスの総務に採用配属になり、「障害者雇用のスタッフのサポート担当」として、オロオロとしながらも、障害のあるスタッフの優しさに支えられながら奔走中。

▼フローレンスの障害者雇用の視察や講演などのご依頼は、お問い合わせページよりご連絡ください。
https://florence.or.jp/contact/

▼フローレンスの障害者雇用ノウハウをnoteで発信しています。ぜひご覧ください。
フローレンス 障害者雇用チーム note
https://note.com/florenceop/

●カバーデザイン・カバーイラスト
田中　雪子（志岐デザイン事務所）

●本文図版
加賀谷　育子

●本文イラスト
杭全　虹奈

●企画協力
小島　和子（NPO 法人企画のたまご屋さん）

障害者《しょうがいしゃ》雇用《こよう》の「困《こま》った」を解決《かいけつ》！
発達障害《はったつしょうがい》・知的障害《ちてきしょうがい》のある
社員《しゃいん》を活《い》かすサポートブック

発行日　2024年 12月　9日　　第1版第1刷

著　者　石橋《いしばし》　恵《めぐみ》／和田《わだ》　直美《なおみ》

発行者　斉藤　和邦
発行所　株式会社　秀和システム
〒135-0016
東京都江東区東陽2-4-2　新宮ビル2F
Tel 03-6264-3105（販売）Fax 03-6264-3094
印刷所　三松堂印刷株式会社　　Printed in Japan

ISBN978-4-7980-7272-2 C2036

定価はカバーに表示してあります。

乱丁本・落丁本はお取りかえいたします。

本書に関するご質問については、ご質問の内容と住所、氏名、電話番号を明記のうえ、当社編集部宛FAXまたは書面にてお送りください。お電話によるご質問は受け付けておりませんのであらかじめご了承ください。